Marina Rosebo

Glücksorte
in
Augsburg
Fahr hin & werd glücklich

Liebe Glücksuchende,

was den Wert einer Stadt für das persönliche Leben ausmacht, ist meist eine sehr individuelle Angelegenheit. Doch es gibt ein paar Dinge, die ebendieses Leben so viel schöner machen können, wenn das große und auch das kleine Drumherum stimmt – was in Augsburg augenscheinlich der Fall ist.

Es ist ja nicht nur die architektonische Schönheit und das reiche soziale und kulturelle Leben, das die Hauptstadt Bayerisch-Schwabens auszeichnet. Es ist vor allem auch das viele Grün, das die Stadt nicht nur umgibt, sondern das tatsächlich Teil ihrer selbst ist. Und wenn es stimmt, dass erhebende Erlebnisse in der freien Natur wichtig für das Glücksempfinden des Menschen sind, dann dürfte die Wahrscheinlichkeit, das Glück zu finden, hier in Augsburg wohl tatsächlich etwas höher liegen als anderswo.

Die Suche nach dem Glück ist dennoch für jeden Menschen eine ganz persönliche Reise, für die es leider kein Garantieversprechen gibt. Mit dem Erkunden der Augsburger Glücksorte in diesem Buch kann man seinem Glück aber auf jeden Fall ein wenig auf die Sprünge helfen.

Ihr Marko Roeske

Deine Glücksorte ...

1 **Menschen am Fluss**
Die Lechkanäle 8

2 **Alles im Blick**
Der Bismarckturm 10

3 **Ein kleines Paradies**
Der Hofgarten 12

4 **Hoch hinaus**
Das DAV Kletterzentrum 14

5 **Buntes Treiben**
Der Stadtmarkt 16

6 **Ein Ort der Einkehr**
Das Kloster
Oberschönenfeld 18

7 **Auf historischem Boden**
Das Lueginsland.............................20

8 **Im Herzen der Stadt**
Der Garten des
Schaezlerpalais 22

9 **Bühnenreife Leistung**
Das Kulturhaus
Kresslesmühle 24

10 **Stoff, aus dem Träume sind**
Das manomama 26

11 **In Amt und Würden**
Das Rathaus 28

12 **Eine Insel mit zwei Bergen**
Die Augsburger Puppenkiste 30

13 **Neue Wege gehen**
Der Sheridan-Park 32

14 **Alle naslang Glück**
Dr Stoinerne Ma 34

15 **Weißes Gold**
Die Kunstwerkstatt
Conno Keramik 36

16 **Zünftige Tänzer**
Der Schäfflerbrunnen.....................38

17 **Adel verpflichtet**
Das Wittelsbacher Schloss
in Friedberg 40

18 **Blühende Landschaften**
Der Botanische Garten 42

19 **Im Wandel der Zeit**
Der Fronhof 44

20 **Reif für die Insel**
Das Isle of Skye 46

| 21 | **Schöner wohnen**
Die Fuggerei .... 48 |
| 31 | **In der Ruhe liegt die Kraft**
Die Kahnfahrt .... 68 |

| 22 | **Bretter, die die Welt bedeuten**
Die Freilichtbühne .... 50 |
| 32 | **Coffee to stay**
Das Ladencafé Malzeit .... 70 |

| 23 | **Global handeln**
Das Mercateum in
Königsbrunn .... 52 |
| 33 | **Im Zeitenstrom**
Das Alte Stadtbad .... 72 |

| 24 | **Märchenhafte Stille**
Der Brunnenmeisterhof .... 54 |
| 34 | **Welt der Wunder**
Das Naturmuseum .... 74 |

| 25 | **Anders einkaufen**
Der Unverpacktladen
rutaNatur .... 56 |
| 35 | **Raue Einsamkeit**
Die Wolfzahnau .... 76 |

| 26 | **Zwischenwelten**
Das Gögginger Wäldle .... 58 |
| 36 | **Weiß-blaues Grün**
Der Wittelsbacher Park .... 78 |

| 27 | **Über sich hinausgewachsen**
Der Perlachturm .... 60 |
| 37 | **Übers Wasser gehen**
Der Hochablass .... 80 |

| 28 | **Wahre Hochkultur**
Das Gaswerk .... 62 |
| 38 | **Wie alles begann**
Die Römermauer .... 82 |

| 29 | **Ein Traum in Weiß**
Der Brautmodenladen
Emma the bride .... 64 |
| 39 | **Kunstvolle Karten**
Das Druckspätzle .... 84 |

| 30 | **Die Welt eine Bühne**
Das Sensemble Theater .... 66 |
| 40 | **Wo wilde Wasser walten**
Der Eiskanal .... 86 |

... noch mehr Glück für dich

41	**Auf leisen Sohlen** Der Pfad der Sinne in Königsbrunn 88
42	**Die Nächste, bitte!** Die Puppenklinik und Teddywerkstatt 90
43	**Unendliche Weisheiten** Das S-Planetarium 92
44	**Kulturgenuss im Grünen** Das Parktheater im Kurhaus Göggingen 94
45	**Gut vorbereitet** Der Laden Paulikocht 96
46	**Vom Großen im Kleinen** Der Stempflesee 98
47	**Gut eingebunden** Die AltstadtBuchbinderei 100
48	**Die Perspektive wechseln** Der Schaezlerbrunnen 102
49	**Dem Himmel so nah** Das Tycho Brahe Museum im Römerturm 104
50	**Vielsaitig** Der Gitarrenladen 106

51	**Schmetterlingseffekt** Die Kissinger Heide 108
52	**Vaterfreuden** Das Leopold-Mozart-Haus 110
53	**Schritt für Schritt** Die Wandelhalle 112
54	**Aus dem Vollen schöpfen** Die Papiermanufaktur Wengenmayr 114
55	**Große kleine Oper** Das Multum in Parvo in Mering 116
56	**Gutes Gelingen** Die Lokalhelden 118
57	**Schöne Aussichten** Der Monte Müll 120
58	**Mal schauen** Der Moritzplatz 122
59	**Tradition in modern** Die Ninnerl Dirndl- und Trachtenmanufaktur 124
60	**Metamorphosen** Die Stadtmetzg 126

"Glück"

61 **Ganz großes Kino**
Das Liliom 128

62 **Das Aroma Asiens**
Das Augsburger Teehaus 130

63 **Alte Pläne, frisches Grün**
Die Siebentischanlagen 132

64 **Mode und mehr**
Das Textil- und
Industriemuseum 134

65 **Glück auf vier Pfoten**
Der Hundeladen
Dogandliving 136

66 **So, Feierabend, Emma!**
Der Spielplatz
Lummerland 138

67 **Ein Sohn seiner Stadt**
Das Brechthaus...............................140

68 **Fifty Shades of Green**
Die Westlichen Wälder...................142

69 **Willkommen im Wohnzimmer**
Das Café Kätchens 144

70 **Tierisches Vergnügen**
Der Zoologische Garten 146

71 **Mitten im Leben**
Der Annahof 148

72 **Wasser marsch!**
Der Singoldpark
in Bobingen 150

73 **Harmonisches Miteinander**
Die Ulrichskirchen..........................152

74 **Süße, wohlbekannte Düfte**
Der Kräutergarten 154

75 **Der gute Tropfen**
Die Bio-Weinhandlung
Scheffler 156

76 **Pack die Badehose ein**
Der Kuhsee 158

77 **Lesen und lesen lassen**
Die Stadtbücherei 160

78 **Alles fließt**
Die drei Prachtbrunnen 162

79 **Mehr Licht**
Der Glaspalast................................164

80 **Wie im Märchen**
Der Fünffingerlesturm 166

Menschen am Fluss

Die Lechkanäle

Von den ganz großen Sehenswürdigkeiten einmal abgesehen ist der Blick vom Steg am Brechthaus auf die Häuserzeilen am Mittleren und Hinteren Lech wohl eine der berühmtesten Augsburger Ansichten. Und auch wenn der oft strapazierte Vergleich zu den Canali in Venedig sicherlich etwas zu gewagt ist, bieten die kleinen Wasserläufe doch an vielen Stellen der Stadt einen überaus reizvollen Anblick.

Solch ästhetische Gedankenspiele dürften sich die Augsburger Stadtplaner im Mittelalter wohl eher nicht gemacht haben. Denn neben der Trinkwasserversorgung und umgekehrt auch der Entsorgung des Abwassers dienten die Kanäle in erster Linie dazu, Maschinen anzutreiben – sicherlich einer der Hauptgründe für die spätere wirtschaftliche Blüte Augsburgs. Die Handwerker, welche die Kraft des umgeleiteten Lechwassers nutzten, waren in erster Linie im Lech- und im Ulrichsviertel angesiedelt und verdingten sich etwa als Feilenhauer, Schäffler oder Weber. Aber auch Färber und Gerber wussten den nie versiegenden Wasserstrom direkt vor ihrer Haustüre durchaus zu schätzen. Bei einem Spaziergang entlang der mittlerweile wieder fast überall oberirdisch fließenden Kanäle lässt sich quasi die gesamte östliche Altstadt erkunden und diesen alten Berufen nachspüren. Und dabei bekommt man vielleicht eine Ahnung, wie es denn gewesen sein könnte, das Leben hier in Augsburg vor ein paar Hundert Jahren.

Heute sind die Kanäle in der Innenstadt wirtschaftlich nicht mehr von Bedeutung. Ihr konstantes Rauschen begleitet die Augsburger aber immer noch täglich und wohl fast nur noch unterbewusst durch die Stadt, so selbstverständlich gehören die Lechkanäle heute zum urbanen Alltag. Natürlich sind auch sie Teil der historischen Augsburger Wasserwirtschaft und somit seit 2019 UNESCO-Weltkulturerbe – und ein einmaliges Aushängeschild ihrer Stadt. Was die Augsburger selbst wahrscheinlich aber weniger beeindrucken dürfte – sie fanden ihre Lechkanäle ja auch vorher schon wunderschön.

● Lechkanäle, 86150 Augsburg
● ÖPNV: Bus 35, Tram 1, Haltestelle Barfüßerbrücke/Brechthaus (als Startpunkt)

Alles im Blick

Der Bismarckturm

Streng genommen ist er gar kein echter Augsburger. Der legendäre Bismarckturm steht nämlich eigentlich in Neusäß, genauer gesagt auf einer von Bäumen gesäumten Anhöhe im Stadtteil Steppach. Von dort ermöglicht der imposante Aussichtspunkt aber wie sonst kein anderer Ort in der Umgebung einen weiten Blick auf ganz Augsburg in seiner Nord-Süd-Ausrichtung. Feierlich eingeweiht wurde der eindrucksvolle Turm – von dem es allerdings über ganz Deutschland verteilt noch etliche baugleiche Exemplare gibt – im Jahre 1905 zu Ehren von Otto von Bismarck, der vor allem als „Eiserner Kanzler" des 1871 gegründeten Deutschen Reiches seine Spuren in der deutschen Geschichte hinterlassen hat.

Von solch historischer Schwere ist heutzutage allerdings nicht mehr viel zu spüren: Denn vielen Augsburgern dient der Bismarckturm in erster Linie als Ausflugsziel für einen ausgedehnten Spaziergang aus der Stadt heraus, gerne auch in Verbindung mit einem kleinen Picknick. Im Herbst bietet der dann doch ab und an recht kräftige Wind hier oben zudem ausreichend Gelegenheit, seinen Drachen steigen zu lassen, während die Anhöhe im Winter ein beliebter Hang zum Schlittenfahren ist. Und am Jahresende gibt es wohl auch kaum einen besseren Ort, um das Silvesterfeuerwerk unten in der Fuggerstadt zu beobachten.

Erklommen werden kann das 20 Meter hohe Bauwerk von April bis Oktober, täglich von 9 bis 19 Uhr. Wer nicht so ganz schwindelfrei ist, dem mag vielleicht schon der nicht ganz so erhabene, aber zweifellos auch sehr beeindruckende Rundblick vom Fuße des Turms – hinweg über ausgedehnte Felder und Wiesen – genügen. Die Stadt Augsburg, die man auch von hier aus gut betrachten kann, ist übrigens die Eigentümerin des Bismarckturmes – was ihn dann doch irgendwie wieder zu einem echten Augsburger macht.

- Bismarckturm, Bismarckstraße 18, 86356 Neusäß
- ÖPNV: Bus 641, Tram 2, Haltestelle Augsburg-West P+R, etwa 20 Minuten Fußweg

Ein kleines Paradies

Der Hofgarten

Mit ihrem Hofgarten haben die Augsburger wirklich Glück gehabt. Nicht nur mit dessen bloßer Existenz, die bis ins Jahr 1739 zurückreicht. Sondern auch mit der etwas versteckten Lage der barocken Parkanlage am Rande des Augsburger „Regierungsviertels". Daher wird der Hofgarten auch in erster Linie von Einheimischen genutzt, das touristische Leben der Fuggerstadt spielt sich schließlich doch etwas weiter südlich rund um Rathausplatz und Maximilianstraße ab.

Die kleine Oase inmitten der großen Stadt war einst Teil der fürstbischöflichen Residenz, heute ist sie aber für jedermann zugänglich. So tummeln sich rund um den Seerosenteich Eltern mit ihren Kindern, treffen sich Schüler und Studenten auf den Rasenflächen, schauen Angestellte aus den nahen Verwaltungsgebäuden in ihrer Mittagspause vorbei und ratschen rüstige Rentner um die Wette. Und wer niemanden zum Reden findet – oder finden will –, der sucht sich aus dem offenen Bücherschrank ein wenig Lektüre. Wenigstens ab und zu sollte der eifrige Leser dann aber auch einmal aufschauen und das Idyll rundherum auf sich wirken lassen, etwa die fein verästelten Hibiskussträucher, die gepflegten Buchshecken oder die knorrigen Ginkgobäume. Kontrastiert wird das satte Grün in der warmen Jahreszeit immer wieder durch die bunte Farbenpracht der unzähligen Blumen, die am und um den Teich und den davor gelagerten Springbrunnen sprießen.

Übrigens: So wirklich alleine wird man sich im Hofgarten wohl nie fühlen, auch wenn gerade nicht viel los sein sollte. Dafür sorgen nicht nur die sieben steinernen Grazien auf den Säulen der Gartenumfriedung, sondern vor allem die fünf Zwergskulpturen am Seerosenteich. Der Hintergrund ihres fast karikaturenhaften Charakters liegt im Dunkeln, ein Buch aus dem frühen 18. Jahrhundert zeigt sie allerdings als Entwürfe des Augsburger Kupferstechers Elias Baeck. Heute erfreuen sich vor allem die Kinder an den putzigen Gesellen – wahrscheinlich auch, weil diese ihnen immer auf Augenhöhe begegnen.

● Hofgarten, Fronhof 8, 86152 Augsburg
● ÖPNV: Tram 2, Haltestelle Dom/Stadtwerke

Hoch hinaus

 Das DAV Kletterzentrum

Fast schwindelig könnte einem werden – und das nur vom Zuschauen. Wer leidlich unbedarft den Sportlern im Kletterzentrum des Deutschen Alpenvereins zusieht, wie sie in den bis zu 18 Meter hohen Wänden hängen und sich Stück für Stück mit Geschick und Muskelkraft nach oben arbeiten, empfindet zunächst einmal Respekt. Allmählich beginnt sich dann der Blick für die Details aber ein wenig zu schärfen und der Betrachter fängt an, gewisse Techniken und Strategien beim steilen Weg nach oben zu entdecken.

Die Kletterwände selbst sehen – besonders aus der Ferne – wie abstrakte Gemälde aus, fast so, als habe Jackson Pollock sich hier in Augsburg an riesigen Häuserfassaden versucht. Zudem sind die Kletterer zwischen den verschiedenfarbigen Griffen auf dem meist weißen Grund von Weitem manchmal kaum auszumachen. Lediglich mit ihren bedächtigen, konzentrierten Bewegungen lenken sie die Aufmerksamkeit der Beobachter dann ab und an wieder auf sich. Das stattliche Gebäude des Deutschen Alpenvereins in der Nähe des Siebentischwaldes – das zugleich auch das bayerische Landesleistungszentrum ist – bietet ihnen innen und außen dabei insgesamt fast 4400 Quadratmeter Kletterfläche.

Grundsätzlich unterscheidet man bei diesem Sport das eigentliche Klettern vom sogenannten Bouldern, dem Klettern in Absprunghöhe, wofür im Prinzip keine zweite Person zum Sichern benötigt wird – also quasi die Einstiegsdisziplin. Und wahrscheinlich dürfte es nach einem Besuch im Augsburger Kletterzentrum nur wenige Menschen geben, die es nicht reizen würde, selbst einmal ihr Glück in der Wand zu versuchen. Denn das Klettern ist neben dem Laufen und dem Schwimmen die wohl intuitivste Sportart des Menschen. Eine der ästhetischsten ist es auf jeden Fall, wie man hier im Kletterzentrum täglich beobachten kann.

● DAV Kletterzentrum, Ilsungstraße 15 b, 86161 Augsburg, Tel. (08 21) 99 95 81-0
www.dav-kletterzentrum-augsburg.de
● ÖPNV: Tram 2, Haltestelle Sportanlage Süd P+R

Buntes Treiben

Der Stadtmarkt

Die Augsburger hören den Vergleich nicht besonders gern: Denn anders als durch den berühmten Viktualienmarkt in München ziehen durch den hiesigen Stadtmarkt keine fotografierenden Touristenströme, ist der schwäbische Markt eben keine lauthals angepriesene Sehenswürdigkeit – auch wenn er sogar selbst zumindest eine Viktualienhalle vorweisen kann. Die ihren so verheißungsvoll klingenden Namen aber ebenso wie die Münchner Verwandtschaft auch nur vom eigentlich eher unspektakulären lateinischen Begriff „victus" ableitet, der so viel wie Nahrung oder auch Kost oder Speise bedeutet. Die Vielfalt des Augsburger Stadtmarktes kann sich hingegen ganz sicher mit dem Angebot anderer großer Märkte messen – in Deutschland sowieso und vielleicht sogar über die Landesgrenzen hinaus.

Über 100 Händler bieten an ihren Ständen unter freiem Himmel oder auch in den jeweiligen Geschäften und Markthallen von Montag bis Samstag frische Lebensmittel und exklusive Spezialitäten an. Neben der Viktualienhalle mit ihren Käseständen und regionalen wie internationalen Spezialitäten wirft der geneigte Besucher vielleicht auch noch einen Blick in die Fleischhalle, besucht die Stände des Bauernmarktes und flaniert durch die Fisch-, Bäcker-, Blumen- oder Obst- und Gemüsegasse. Zeit zum Einkaufen sollte man also genügend mitgebracht haben, zumal sich dabei häufig auch noch der eine oder andere Ratsch mit den Händlern ergibt – und allerlei Bekannte trifft man hier ebenfalls immer zur Genüge.

Daher wirkt der bunte Markt zwischen Fugger- und Annastraße manchmal auch wie eine eigene kleine Stadt inmitten der sie umgebenden viel größeren Stadt – oder vielleicht eher wie ein eigenes Dorf. Durch das man allerdings nicht gehen kann, ohne hier und da noch eine Kleinigkeit einzukaufen oder gleich vor Ort an einem der vielen Essensstände einen Happen zu probieren. Sosehr man sich dies vielleicht auch vorher anders vorgenommen hatte.

TIPP
Der traditionsreiche Kiosk der Familie Sailer am Stadtmarkt bietet alles, was man so für zwischendurch braucht.

● Stadtmarkt, Fuggerstraße, 86150 Augsburg
● ÖPNV: diverse Buslinien, Tram 1, 2, 3, 4, 6, Haltestelle Königsplatz

Ein Ort der Einkehr

 Das Kloster Oberschönenfeld

Auch wenn es eigentlich eher am Rande der Westlichen Wälder liegt, empfindet man das Kloster Oberschönenfeld mit seiner prächtigen Abteikirche immer ein wenig als deren heimlichen Mittelpunkt. Was vielleicht auch daran liegen mag, dass sich hier, etwas außerhalb der Gemeinde Gessertshausen, auch das Naturpark-Haus befindet. Dieses Informationszentrum für die Westlichen Wälder bringt den Besuchern in Dauer- und Sonderausstellungen die Natur, aber auch die kulturlandschaftliche Prägung der Region nahe. Wobei viele Gäste von Oberschönenfeld wahrscheinlich selbst gerade ein kleines Naturerlebnis hinter sich haben dürften, gilt die Zisterzienserinnenabtei doch als beliebtes Ausflugsziel für Radler und Wanderer.

Keinen geringen Anteil dürfte dabei der urige Biergarten des Klosterstübles haben, der auf einer Anhöhe inmitten der mächtigen Klosteranlage steht. Von der kleinen Brotzeit bis zu regionalen Wildspezialitäten bietet das Lokal den Ausflüglern bodenständige, aber durchaus feine Küche mit saisonalen Schwerpunkten. Und natürlich serviert das Klosterstüble auch das berühmte Holzofenbrot aus der klostereigenen Bäckerei, für das manche Augsburger sogar extra aus der Stadt hier heraus in den Brotladen von Oberschönenfeld kommen. Was übrigens auch für so manches Mitbringsel aus dem Klosterladen gelten dürfte, der beispielsweise edle Liköre mit Kräutern aus eigenem Anbau führt.

In erster Linie ist Oberschönenfeld aber eigentlich ein Platz der Ruhe und des Abstands, vielleicht ja auch der inneren Einkehr. Und sei es einfach nur auf einem Bänkchen in den liebevoll gepflegten Grünanlagen des Klosters. Ob es die friedliche Atmosphäre ist oder die Abgeschiedenheit inmitten der Westlichen Wälder oder vielleicht beides – wer das Kloster Oberschönenfeld wieder verlässt, wird seine Schritte wesentlich entspannter zurück in das vermeintlich normale Leben da draußen lenken. Und das ist ja schon mal nicht wenig.

● Zisterzienserinnenabtei Oberschönenfeld, Oberschönenfeld 1, 86459 Gessertshausen, Tel. (0 82 38) 9 62 50
www.abteioberschoenenfeld.de
● ÖPNV: Bus 605, Haltestelle Oberschönenfeld, Gessertshausen

Auf historischem Boden

Das Lueginsland

Im äußersten Norden der Altstadt stand auf einer Anhöhe im späten Mittelalter einst ein mächtiger Turm, von dem es sich vortrefflich ins Land hinaus „luegen" (oder zu Hochdeutsch: schauen) ließ. Ihm folgte später eine Festungsanlage, die erst im 19. Jahrhundert aufgegeben wurde. Danach wurde die Bastion Lueginsland eine Zeit lang mehr und weniger sich selbst überlassen, ein Symbol für die Wehrhaftigkeit der stolzen Stadt Augsburg ist sie aber immer geblieben.
Heute versteht man unter dem Lueginsland meist den gesamten Rest der ehemaligen Wehranlage östlich des Fischertores. Über einen Treppenaufgang am Tor erreicht der Spaziergänger einen schön gestalteten Weg und passiert den kleinen Hexenbrunnen direkt an der Stadtmauer. Falls man der Typ Fußgänger ist, der nicht einfach so ins Blaue hinein laufen will, sondern unbedingt ein Ziel braucht: Nur ein paar Gehminuten Fußmarsch weiter liegt die ehemalige Plattform der Bastion, wo sich heute der Biergarten „Lug ins Land" (die historisch wohl korrektere Schreibweise) befindet. Die Augsburger Gastronomenfamilie Oblinger empfängt ihre Gäste dort in einem der zweifellos schönsten Biergärten der ganzen Stadt – und sicherlich auch drumherum. Unter alten Kastanienbäumen wird typisch bayerisch-schwäbische Küche serviert: vom Bayerischen Wurstsalat mit Brot bis hin zum klassischen Schweinebraten mit Kartoffelsalat. Und die Lage auf dem Plateau der alten Bastion sucht ihresgleichen.
Den schönsten Blick auf die alte Wehranlage als Ganzes hat man aber eigentlich von außerhalb der Stadtmauer. Dazu verlässt man die Altstadt am besten durch das Fischertor und folgt der Thommstraße nach rechts bis zur Ecke Herwartstraße. Doch ob nun außer- oder innerhalb der alten Stadtbefestigung: Einen kleinen Ausflug in die Geschichte des Lueginsland mit einer Einkehr in den Biergarten zu verbinden, macht so einen Spaziergang zu einer ausgemacht runden Sache!

● Am Lueginsland, 86152 Augsburg
● ÖPNV: Tram 2, Haltestelle Fischertor

Im Herzen der Stadt

 Der Garten des Schaezlerpalais

Nein, viel zentraler geht es in Augsburg eigentlich nicht. Das berühmte Schaezlerpalais liegt nämlich direkt gegenüber dem Herkulesbrunnen an der Maximilianstraße. Das herrschaftliche Haus beherbergt nicht nur bedeutende Kunstsammlungen und präsentiert eine beeindruckende Innenarchitektur, sondern bietet mit seinem gepflegten Garten im Innenhof auch eine echte Oase der Ruhe inmitten der quirligen Augsburger Altstadt.

Die liebevoll gestaltete Rokokoanlage wurde ursprünglich als typischer Privatgarten des großbürgerlichen Geldadels angelegt, wie ihn der Kaufmann und Bankier Benedikt Adam Freiherr von Liebert zweifelsohne repräsentierte, der das Palais 1765 –70 neu errichten ließ und später an seinen Schwiegersohn Johann Lorenz Freiherr von Schaezler weitergab. Heute steht der pittoreske Garten, der mit seiner Mischung aus geraden und geschlängelten Wegen inmitten der Rasenflächen interessante Kontraste zu setzen weiß, allen Augsburgern offen – und natürlich auch deren Gästen. Äußerst reizvoll sind ebenso die hohen Arkaden an der Nordseite, über die man den kleinen Park betritt. Vermutlich waren diese früher mit Türen versehen und dienten als Orangerie des Anwesens.

Das Schaezlerpalais selbst, das 1958 in den Besitz der Stadt Augsburg überging, ist wohl eines der bedeutendsten Stadthäuser des 18. Jahrhunderts. Vor allem der imposante Festsaal gilt dabei als ein Paradebeispiel für die Spielart des süddeutschen Rokokos. Bekannt ist das Palais als Teil der Kunstsammlungen und Museen Augsburg heute aber auch für seine Dauer- und Sonderausstellungen: So präsentiert etwa die Sammlung Steiner im Erdgeschoss Hinterglasmalerei aus aller Herren Länder, während die Deutsche Barockgalerie im ersten Stock Meisterwerke des 17. und 18. Jahrhunderts zeigt, in erster Linie von einst in Augsburg ansässigen Malern. Zudem sind hier im Palais auch Exponate der Haberstock-Stiftung, beispielsweise von Tiepolo oder van Dyck, zu sehen. Eine Menge Kunst in einem Haus vereint also – und dies mitten im Herzen der Stadt.

- Schaezlerpalais, Maximilianstraße 46, 86150 Augsburg
- ÖPNV: diverse Buslinien, Tram 1, 2, 3, 4, 6, Haltestelle Königsplatz, Bus 22, 32, Tram 1, 2, Haltestelle Moritzplatz

Bühnenreife Leistung

 Das Kulturhaus Kresslesmühle

Man tritt anderen Veranstaltungsorten damit hoffentlich nicht zu nahe: Aber die Kresslesmühle im Lechviertel ist die wohl bekannteste Kabarett- und Kleinkunstbühne in Augsburg – und sicher auch weit darüber hinaus. Und das nun schon seit geraumer Zeit: Denn als Kultur-, Bildungs- und Beratungszentrum sowie als innerstädtisches Bürgerhaus für jedermann besteht „die Mühle" – wie sie von ihrem Stammpublikum genannt wird – bereits seit 1977.
Das ursprüngliche Gebäude wurde allerdings schon über 500 Jahre vorher erstmals urkundlich erwähnt, das Haupthaus gegenüber der Stadtmetzg stammt aus dem 16. Jahrhundert. Die Kresslesmühle war in den 1970er-Jahren übrigens auch das erste Anwesen in der Altstadt, das – auf politischen Druck der Bürgerschaft hin – aufwendig saniert wurde und so auch den Anstoß für die flächendeckende Aufwertung der gesamten alten Bausubstanz in der Innenstadt gab. Für die kulinarischen Belange sorgt in der Kresslesmühle das Café Dreizehn. Es serviert – in der warmen Jahreszeit an einladenden Biergartengarnituren direkt an der Barfüßerstraße – allerlei Kaffeespezialitäten, selbst gemachte Kuchen und auch herzhafte Speisen. Und dies alles auf veganer und ökologischer Basis. Es ist wohl die Kombination aus Kultur, Weltoffenheit und Gemütlichkeit, welche die Kresslesmühle so attraktiv und für Augsburg damit zu einem ganz besonderen Ort macht.
Was wohl auch sämtliche Größen der Kabarett- und Kleinkunstszene so sahen, die sich hier im Laufe der Jahre bereits ein Stelldichein gaben – vielleicht sogar auch schon zu Zeiten, als sie selbst noch nicht allzu erfolgreich waren. Denn auch eher unbekannten Künstlern bietet die Mühle eine vielkulturelle Bühne für ihre Darbietungen. Und das macht die Kresslesmühle dann schließlich auch zu diesem einzigartigen Podium, an dem sowohl neue Talente als auch längst etablierte Kunstschaffende ihr Publikum finden.

● Kresslesmühle, Barfüßerstraße 4, 86150 Augsburg
www.kresslesmuehle.de
● ÖPNV: Tram 1, 2, Haltestelle Rathausplatz, Bus 35, Tram 1, Haltestelle Barfüßerbrücke/Brechthaus

Stoff, aus dem Träume sind

Das manomama

„Wunder muss man selber machen" – so lautet der Titel des ersten Buches der Unternehmerin Sina Trinkwalder. Und in der Tat: Es muss wohl jede Menge Arbeit gewesen sein, ein so wunderbares Projekt wie ihre Firma manomama auf die Beine zu stellen. Dabei tat die gebürtige Augsburgerin 2010 etwas, was im globalisierten 21. Jahrhundert eigentlich gar nicht hätte funktionieren dürfen: Sie holte die Textilindustrie zurück nach Deutschland, genauer gesagt zurück in ihre Heimatstadt. Die Produktion von und der Handel mit Stoffen begann in Augsburg bereits im 17. Jahrhundert, ihre Blütezeit erlebte die Textilstadt in der Mitte des 19. Jahrhunderts. Spätestens seit Ende des 20. Jahrhunderts vollzog sich dann aber auch in Augsburg die Abwanderung beinahe der gesamten Textilbranche in Richtung asiatischer Billiglohnländer – anfangs noch schleichend, mit der Zeit aber immer rasanter.

Und als wäre das Vorhaben, diese so heikle Industriesparte wieder an einem deutschen Standort zu etablieren, an sich nicht schon schwierig genug gewesen, erlegte sich Sina Trinkwalder selbst noch eine zusätzliche Bürde auf: Sie beschäftigte in erster Linie Angestellte, die ansonsten auf dem Arbeitsmarkt vermeintlich keine Chancen mehr gehabt hätten – und zahlte dabei faire Löhne. Spätestens als die diversen Produkte der Firma dann auch noch nach möglichst nachhaltigen und regionalen Kriterien gefertigt werden sollten, winkten die letzten Banken und weitere mögliche Investoren ab – und meldeten sich erst wieder, als sich abzeichnete, woran anfangs keiner glauben wollte: Erfolg.

Mittlerweile hat sich manomama fest in der Branche etabliert. Seit 2015 sind die Kollektionen der ökosozialen Firma auch direkt im Ladengeschäft am Augsburger Moritzplatz zu bekommen. Und man freut sich, durch das flotte Sortiment der so tatkräftigen Visionärin zu stöbern, die Tag für Tag beweist, dass ein anderes Wirtschaften durchaus möglich ist. Nur anfangen musste halt mal jemand.

● manomama (Laden), Moritzplatz 4, 86150 Augsburg, Tel. (08 21) 45 56 64 40
www.manomama.de
● ÖPNV: Bus 22, 32, Tram 1, 2, Haltestelle Moritzplatz

In Amt und Würden

Das Rathaus

Direkt neben dem markanten Perlachturm residiert das Augsburger Rathaus, ein beeindruckender Renaissancebau des früheren Stadtbaumeisters Elias Holl – ein Name, dem man in Augsburg häufiger begegnet. Unter anderem natürlich auch am Elias-Holl-Platz auf der ruhigeren Ostseite des 1624 fertiggestellten Gebäudes, quasi die etwas entschleunigte Variante des belebten Rathausplatzes auf der Westseite. Das Rathaus selbst ist indes von allen Seiten aus ein wahres Schmuckstück. Und auch im Inneren weist es so manche Sehenswürdigkeit auf: allen voran den berühmten Goldenen Saal mit seiner 14 Meter hohen Kassettendecke, deren Ornamentik zu großen Teilen mit Blattgold überzogen ist.

Das Augsburger Rathaus hielt bis 1917 übrigens auch noch einen ganz besonderen Rekord: Es war – von kirchlichen Bauten abgesehen – über Jahrhunderte hinweg das höchste Gebäude in Deutschland. Aber auch die überdimensionalen Reichsadler an der West- und an der Ostseite künden von der einstigen Bedeutung des Hauses weit über die Grenzen Augsburgs hinaus. Heutzutage sind weite Teile der Stadtverwaltung allerdings ausgegliedert, der Stadtrat tagt aber immer noch im sogenannten Oberen Fletz. Eine spezielle Bedeutung fällt auch noch dem nordwestlichen Fürstenzimmer zu: Hier kann nämlich in einem besonders feierlichen Ambiente geheiratet werden.

Während das Rathaus also quasi die Amtsstube der Stadt Augsburg war, scheint der Rathausplatz davor – der bis ins Jahr 1972 übrigens noch bayerisch-königstreu Ludwigsplatz hieß – so etwas wie das Wohnzimmer der Augsburger Bürger zu sein. Oder vielleicht eher deren Terrasse, gleicht doch seine Atmosphäre in der warmen Zeit des Jahres vielmehr der einer italienischen Piazza. Von der man dann aber bei einer Tasse Cappuccino auch den wirklich besten Blick auf den außerordentlich schönen Augsburger Palazzo Comunale gegenüber hat. Und die freie Sicht auf den Perlachturm gibt es dabei noch gratis dazu.

- Rathaus Augsburg, Rathausplatz 2, 86150 Augsburg
- ÖPNV: Tram 1, 2, Haltestelle Rathausplatz

Eine Insel mit zwei Bergen

Die Augsburger Puppenkiste

Sie hat ganze Generationen von Kindern glücklich gemacht – und sie tut es noch immer: die Augsburger Puppenkiste. Dabei schafft es das traditionsreiche Marionettentheater bereits seit Jahrzehnten mit spielerischer Leichtigkeit, dass die erzählten Geschichten immer jung und für sein Publikum spannend bleiben, allen gesellschaftlichen und medialen Entwicklungen zum Trotz.

Begonnen hatte alles 1945 mit der Idee ihres Gründers Walter Oehmichen, ein Puppentheater zu schaffen, das sich in einer einzigen Kiste verstauen und so auch leicht transportieren ließ: Die Puppenkiste war geboren. Doch bereits zuvor hatte der studierte Schauspieler während des Zweiten Weltkrieges zusammen mit seiner Frau Rose und den beiden Töchtern mit seinem „Puppenschrein" erste Auftritte absolviert.

Im Jahr 1948 erfolgte dann die Premiere von „Der gestiefelte Kater" im Heilig-Geist-Spital, in dem die Augsburger Puppenkiste bis heute residiert. Ab den 1950er-Jahren kamen schließlich Fernseh- und später noch Kinoproduktionen hinzu, die das kleine Theater und seine liebenswerten Figuren weit über Augsburg bekannt machen sollten: Denn wohl noch heute kennt beinahe jedes Kind die Inszenierungen rund um das Urmel aus dem Eis, den Kater Mikesch oder den kleinen König Kalle Wirsch. Weniger bekannt ist, dass die Puppenkiste stets auch klassische Stücke und Kabarettabende in seinem Programm hatte – und bis heute hat.

Und sogar in die Fußball-Bundesliga hat sie es geschafft: Denn jedes Mal, wenn die Profis des FC Augsburg ein Tor erzielen, ertönt das schwungvolle Lummerlandlied „Eine Insel mit zwei Bergen" aus dem wohl bekanntesten Puppenkisten-Stück „Jim Knopf und Lukas der Lokomotivführer". Glücksmomente verschafft das kleine Theater seinen Augsburgern, aber auch den zahlreichen Gästen aus nah und fern also auf vielerlei Weise. Nicht nur, aber vor allem auch deshalb ist die Puppenkiste seit Jahrzehnten ein echtes Aushängeschild der Stadt.

TIPP
Auch das Museum „Die Kiste" im gleichen Gebäude spürt den Geschichten und Figuren noch einmal nach.

● Augsburger Puppenkiste, Spitalgasse 15, 86150 Augsburg, Tel. (08 21) 45 03 45-0
www.augsburger-puppenkiste.de
● ÖPNV: Bus 22, 32, 35, Haltestelle Margaret, Bus 35, Tram 2, 3, 6, Haltestelle Rotes Tor

Neue Wege gehen

Der Sheridan-Park

Dass epochale geschichtliche Entwicklungen natürlich auch an Augsburg nicht spurlos vorübergehen, zeigt sich beispielhaft am Sheridan-Park im Westen der Stadt. Hier im Stadtteil Pfersee stand seit Ende des Zweiten Weltkriegs die Sheridan-Kaserne der US-Garnison Augsburg. Zuvor war das Kasernengelände von der deutschen Wehrmacht genutzt worden. 1998 zogen die US-amerikanischen Streitkräfte jedoch ab, später wurden die meisten Gebäude dann abgerissen.

Nur wenige Häuser blieben erhalten, unter anderem das Offizierskasino. In diesem hatte 1964 übrigens ein gewisser aus Straßberg bei Augsburg stammender Gerhard Höllerich – besser bekannt als Roy Black – mit seiner Band einen seiner ersten Auftritte. Seit 2006 entstand nach und nach ein neuer Stadtteil, durch den sich auch eine lang gestreckte Grünfläche ziehen sollte: der Sheridan-Park. Er markiert quasi den Mittelteil des noch nicht abschließend fertiggestellten Westparks, der sich einmal im Norden von der Ulmer Straße in Kriegshaber über das Areal der ehemaligen Reese-Kaserne bis hinunter zur Wertach im Süden erstrecken soll.

Besonderen Wert legt man darauf, die alten Baumbestände zu erhalten, wobei auch die neu gepflanzten Birkenhaine durchaus ihren Reiz haben. Sie sehen dabei wie kleine grüne Inseln aus, wenn man den Weg entlangläuft. Auf dem etwa anderthalb Kilometer langen, mäandernden Fuß- und Radweg des Sheridan-Parks finden sich für Kinder, aber auch für Jugendliche und Erwachsene etliche Attraktionen. So lässt es sich etwa auf dem ausgedehnten Schaukel- und dem wild angelegten Abenteuerspielplatz prima toben, an den Tischtennisplatten können heiße Duelle ausgetragen oder auf dem Basketballplatz ein paar Körbe geworfen werden. Auch zum Skaten und Beachvolleyball-Spielen gibt es Gelegenheiten. Oder aber man nutzt den Sheridan-Park einfach nur für einen ganz gemütlichen Spaziergang – fernab jeglicher sportlichen Ambitionen. Egal wie man sich entscheidet, es wird sich immer ein Plätzchen zum Wohlfühlen finden.

- Sheridan-Park, Zugang über Stadtberger Straße oder Leitershofer Straße, 86157 Augsburg
- ÖPNV: Tram 3, Haltestelle Westfriedhof, Bus 35, 42, 72, 74, Haltestelle Preßburger Straße

Alle naslang Glück

Dr Stoinerne Ma

Manche Geschichten sind leider zu schön, um wahr zu sein. In Augsburg erzählt man sich die folgende: Im Jahre 1635, mitten im Dreißigjährigen Krieg, sah sich die von den Schweden besetzte Stadt der Belagerung der kaiserlichen Truppen ausgesetzt. Innerhalb der Stadtmauern herrschte bitterste Not, und viele Bürger wünschten sich sehnlichst ein Ende der Umzingelung herbei. In dieser ausweglos scheinenden Situation kratzte der Bäcker Konrad Hacker seine letzten Teigreste zusammen, um daraus einen Laib Brot zu backen. Mit diesem bestieg er die Stadtmauer und schwenkte das Brot triumphierend in Richtung der Belagerer – um diesen so vorzugaukeln, die Bevölkerung verfüge noch über jede Menge Vorräte und werde dem Feind daher noch lange standhalten. Was diesen schlussendlich zum Abzug veranlasste.

Seinen Mut sollte der Bäcker allerdings teuer bezahlen: Er wurde von den wütenden Belagerern angeschossen, verlor dabei zunächst seinen Arm und schließlich auch sein Leben. Gewinnen sollte er jedoch seinen Status als ewiger Held der Augsburger Stadthistorie. Mit dem Stoinernen Ma (für Nichtschwaben: dem Steinernen Mann) wurde ihm ein wuchtiges Denkmal aus Sandstein gesetzt, das heute nahe der Schwedenstiege an der Stadtmauer seinen Platz gefunden hat.

Nur leider kann die Geschichte so nicht ganz stimmen: Denn des Kaisers Truppen rückten in Wirklichkeit letztlich nicht ab, sondern ein. Zudem stammen Teile der Statue nachweislich aus dem 16. Jahrhundert und bis heute kann niemand genau sagen, wen sie tatsächlich darstellt. Daher liegt es nahe, dass die Tat des Bäckers erst im Nachhinein in das Kunstwerk hineininterpretiert wurde. Im Laufe der Zeit wurde das Standbild dann des Öfteren umgestürzt und beschädigt, sodass der Stoinerne Ma dabei ein ums andere Mal seine Nase verlor – bis diese schließlich durch ein Exemplar aus Eisen ersetzt wurde. Sie zu berühren, soll Glück bringen, davon sind die Augsburger überzeugt. Manchmal muss man eine schöne Geschichte eben auch einfach mal glauben.

● Dr Stoinerne Ma, Schwedenweg (auf der anderen Seite der Stadtmauer), 86152 Augsburg
● ÖPNV: Tram 2, Haltestelle Mozarthaus/Kolping

Weißes Gold

 Die Kunstwerkstatt Conno Keramik

Augsburg ist ja bekanntlich voll von schönen Ecken. Eine ganz besondere findet sich im Ulrichsviertel – und dies durchaus auch im wörtlichen Sinne: Wo sich Spitalgasse und Kirchgasse treffen, steht nämlich ein über 400 Jahre altes Eckhaus, in dem sich die gelernte Porzellanmalerin Cornelia Joseph, genannt „Conno", ihr Studio im Atelier Sorellas eingerichtet hat.

Gelernt hat Cornelia Joseph ihr Kunsthandwerk in der Porzellanmanufaktur Meissen und spezialisierte sich auf die Blumenmalerei. Seit 2013 arbeitet sie nun schon im Augsburger Ulrichsviertel, seit 2015 ganz in der Nähe der berühmten Puppenkiste und des historischen Roten Tores. Nachdem Conno bereits seit den 1990er-Jahren ihr Wissen und ihre Leidenschaft für Keramiken aller Art in unzähligen Kursen auch an interessierte Laien weitergegeben hat, konzentriert sie sich mittlerweile ganz auf die eigene Malerei. Motive findet sie dabei hauptsächlich in der Pflanzen- und Tierwelt, gestaltet aber auch kunstvolle Schriften und Texte auf dem filigranen Material – wobei jede Malerei dabei selbstverständlich ein Unikat darstellt. Behutsam auf Tassen, Schalen, Vasen und andere Keramik- und Porzellanformen aufgebracht können die Kunstwerke dann im schmucken Verkaufsraum des Ateliers in Augenschein genommen werden. Natürlich finden auch vorab geäußerte Gestaltungswünsche der Kunden immer gerne Berücksichtigung.

Zum Atelier Sorellas gehört neben Conno Keramik auch das Studio Naiku Naiku der Textildesignerin Naoko Inoue-Kurten. Diese verarbeitet Kimonostoffe und anderes japanisches Tuch – in Augsburg mit seiner jahrhundertelangen Historie in der Textilherstellung bestimmt nicht die schlechteste Wahl. So verbinden sich hier im alten Eckhaus im Ulrichsviertel mit Keramik und Textil zwei traditionelle Werkstoffe harmonisch in einem Atelier – und retten so mit hoher Kunstfertigkeit und großer Leidenschaft den Geist des ehemaligen Handwerkerviertels im Süden der Altstadt hinüber in unsere Moderne.

● Conno Keramik im Atelier Sorellas, Kirchgasse 26, 86150 Augsburg
Tel. (08 21) 20 97 22 41, www.connokeramik.de
● ÖPNV: Bus 22, 32, 35, Haltestelle Margaret, Bus 35, Tram 2, 3, 6, Haltestelle Rotes Tor

Zünftige Tänzer

 Der Schäfflerbrunnen

Man muss schon genau wissen, wo man suchen muss. Denn im Vorbeigehen würde der unbedarfte Spaziergänger den schmalen Eingang zum Schäfflerhof, in dem der kleine Brunnen vor sich hin plätschert, womöglich übersehen – auch wenn auf einem sogenannten Schwibbogen (Schwebebogen) zwischen zwei Häuserwänden sogar der Schriftzug „Schäffler-Hof" prangt. In dem versteckten Innenhof an der – natürlich – Schwibbogengasse präsentiert sich der bronzene Schäfflerbrunnen dann trotz des ansonsten recht historisch anmutenden Ambientes etwas überraschend inmitten von recht modernen Wohnhäusern.

Die Schäffler waren Handwerker, genauer gesagt eine Art von Fassmachern. Der Begriff leitet sich vom mittelhochdeutschen „Schaf" beziehungsweise oberdeutschen „Schaff" ab und bedeutet so viel wie offenes Gefäß, Bottich, Zuber. Seit dem 7. Jahrhundert sind die Schäffler wohl in Augsburg ansässig. Der Brunnen zeigt sie beim traditionellen Schäfflertanz, der ursprünglich eigentlich aus München stammte und – ja – auch Teil des weltberühmten Glockenspiels am dortigen Marienplatz ist. Die vier traditionell gewandeten Figuren auf dem Augsburger Brunnen reihen sich um eine Säule, auf deren Spitze die für die Fuggerstadt fast schon obligatorische Zirbelnuss thront. Das sechseckige Brunnenbecken beschreibt auf großen Bronzetafeln bildreich die verschiedenen Arbeitsschritte bei der Fassentstehung. In hölzernen Vitrinen am Rande des Hofs wird zudem näher über die Geschichte dieses alten Handwerks in Augsburg informiert.

Der Schäfflerbrunnen des Bildhauers Christian Angerbauer, der auch an vielen anderen Stellen der Stadt seine künstlerischen Spuren hinterließ, mag vielleicht nicht unbedingt eine der Hauptattraktionen in der Augsburger Innenstadt sein – ein sehenswerter Ort für wissenshungrige Stadtentdecker und für Liebhaber alter Handwerkstraditionen ist er aber allemal. Wenn er auch eben nicht ganz so leicht zu finden ist.

● Schäfflerhof, Schwibbogengasse 9, 86150 Augsburg
● ÖPNV: Bus 22, 32, 35, Haltestelle Margaret

Adel verpflichtet

 Das Wittelsbacher Schloss in Friedberg

Die Grenze von Augsburg zu seiner östlichen Nachbargemeinde verläuft heute fast fließend. Und auch wenn Friedberg naturgemäß immer ein wenig im Schatten der einstigen Reichsstadt stand, hat die liebenswerte 30.000-Einwohner-Stadt doch durchaus selbst einiges zu bieten. Neben dem Marienplatz mit seinem im Sommer fast schon mediterranen Flair, dem Marienbrunnen und dem schmucken Renaissancerathaus ist es vor allem das Wittelsbacher Schloss, das viele Besucher anzieht.

Und in der Tat: Wenn man sich im Geiste ein klassisches Schloss vorstellt – es müsste wohl so aussehen wie das in Friedberg. Der tiefe Graben, über den eine massive Brücke zum Torturm führt, legte die Vermutung nahe, dass hier schon vor dem eigentlichen Schloss einmal eine massive Befestigungsanlage stand. 1259 erfolgte dann der Bau der heute bekannten Burg durch einen Wittelsbacher Herzog mit dem Ehrfurcht gebietenden Namen Ludwig II. der Strenge. Zu Beginn des 15. Jahrhunderts baute dann dessen Namensvetter Ludwig VII., der auch der Gebartete genannt wurde, die Veste um. 1541 zerstörte schließlich ein Brand das hochherrschaftliche Anwesen, das anschließend aber in seiner jetzigen, klar strukturierten Form als Schloss wiederaufgebaut und sogar noch erweitert wurde.

Im Innenhof des Gebäudes kann man sich gut vorstellen, wie sich hier der Hofstaat einst zu rauschenden Festen traf. Zumindest ein wenig nachfühlen lässt sich dies auch noch im Schlosscafé – vielleicht nachdem man sich zuvor das hauseigene Museum angesehen hat. Die Ausstellungen zeigen neben der Geschichte des Schlosses und der Stadt Friedberg unter anderem auch wunderschöne Fayencen – das sind kunsthandwerklich hergestellte glasierte Keramiken – und wertvolle Uhren. Beide Gewerke waren nämlich einst hier angesiedelt. Wer also gerne auf Zeitreise gehen und sich dabei auch ein wenig als Schlossherr oder Burgfräulein fühlen möchte, sollte unbedingt einmal vorbeischauen bei den Nachbarn in Friedberg.

● Wittelsbacher Schloss, Schlossstraße 21, 86316 Friedberg
www.wittelsbacher-schloss-friedberg.de
● ÖPNV: Bus 200, Haltestelle Stadthalle

Blühende Landschaften

Der Botanische Garten

Augsburg ist mit seinen ausgedehnten Waldflächen und den großzügig angelegten Parks an sich schon eine sehr grüne Stadt. Doch im Norden der Siebentischanlagen, gleich neben dem Zoo gelegen, findet sich darüber hinaus ein wahres Paradies für alle Gartenfreunde und Pflanzenliebhaber: der Botanische Garten. Pro Jahr besucht etwa eine Viertelmillion Gäste die Anlage, richtig voll wird es auf dem weitläufigen Gelände aber trotzdem praktisch nie.

Was im Jahr 1936 als relativ bescheidener Lehrgarten begann, entwickelte sich im Laufe der Jahrzehnte zu jenem farbenprächtigen und üppig bepflanzten Stück Natur – wenn selbstverständlich auch von Menschenhand gestaltet –, als das wir es heute kennen. Einen großen Einfluss hatte dabei die Landesgartenschau im Jahr 1985, die auch den Anstoß für die vielen Themengärten gab. So lässt es sich heute etwa vortrefflich durch den Japanischen oder auch den Römergarten flanieren, durch die Staudenlandschaft am See spazieren oder auch einfach nur am Rosenpavillon entspannen. Und ein klein wenig ist der Botanische Garten übrigens auch ein zoologischer: Im Pavillon der Schmetterlinge nämlich sind im Frühjahr allerlei wunderschöne exotische Falter unterwegs.

Doch der Botanische Garten bietet natürlich nicht nur optisch bleibende Eindrücke. Auch die verschiedensten Düfte der über 3000 Pflanzenarten, darunter vor allem in den Gewächshäusern viele aus tropischen und subtropischen Gefilden, stimulieren zusätzlich die Sinneszellen. Und manchmal graben sie sich sogar so tief ins Gedächtnis, dass man sich tatsächlich auch später immer wieder daran erinnern kann. Daher ist diese blühende Oase im eh schon ungewöhnlich grünen Augsburg dann auch auf mehreren Ebenen ein ganz besonderes, ja ein wahrhaft bleibendes Erlebnis.

- Botanischer Garten, Dr.-Ziegenspeck-Weg 10, 86161 Augsburg
- ÖPNV: Bus 32, 73, Haltestelle Zoo/Botanischer Garten

Im Wandel der Zeit

Der Fronhof

Ihn nur als den Garten der ehemaligen fürstbischöflichen Residenz zu bezeichnen, täte dem Augsburger Fronhof bitter unrecht. Denn der kleine Park, der hinter der Römermauer am Dom beginnt und von den heutigen Verwaltungsgebäuden der Regierung von Schwaben eingerahmt wird, ist sicherlich weit mehr als das – und hat auch so manche Geschichte zu erzählen. So diente das Gelände in früheren Zeiten unter anderem als Turnierplatz. Und es wird berichtet, dass bei eben einem solchen Ritterstechen hier 1428 die Romanze zwischen dem künftigen Herzog Albrecht III. von Bayern-München und der jungen Augsburgerin Agnes Bernauer begann. Das Ende der Geschichte ist so bekannt wie traurig: Auf Geheiß von Albrechts Vater, dem amtierenden Herzog Ernst, wurde „die Bernauerin" (so übrigens auch der Titel eines Musikstückes von Carl Orff) wenige Jahre später in der Donau bei Straubing ertränkt.

Später diente der Fronhof dann auch als Exerzierplatz. Es mutet daher ein wenig skurril an, dass ausgerechnet ein militärisches Standbild schließlich dazu beitrug, die trostlose „Sandwüste" (so ein offizielles Schreiben) in eine gepflegte Grünanlage zu verwandeln. Denn um dem Denkmal, das ursprünglich an den Triumph im Deutsch-Französischen Krieg von 1870/71 erinnern sollte, mehr Aufmerksamkeit zu verschaffen, wurde die Fläche drumherum extra neu angelegt – und der Fronhof erlebte seine Wiedergeburt als Parklandschaft.

Einen deutlich zivileren Hintergrund hat hingegen die Stele am südlichen Ausgang des Fronhofes. Sie ist Wolfgang Amadeus Mozart und dessen Vater Leopold – einem gebürtigen Augsburger – gewidmet. Und so überrascht es nicht besonders, dass der Fronhof sich im Sommer auch immer wieder als Schauplatz klassischer Konzerte präsentiert, die hier vor der größtenteils spätbarocken Kulisse des Gebäudeensembles einen mehr als würdevollen Rahmen finden.

● Fronhof, 86152 Augsburg
● ÖPNV: Tram 2, Haltestelle Dom/Stadtwerke

Reif für die Insel

Das Isle of Skye

Die Stadt Inverness im Nordosten Schottlands ist eine der offiziellen internationalen Partnerstädte von Augsburg. Doch in der Weißen Gasse inmitten der Augsburger Altstadt hat sich allem Anschein nach noch eine weitere, eher inoffizielle schottische Vertretung etabliert: der kleine Laden Isle of Skye. Diesen allerdings aufgrund seines Namens – die Isle of Skye ist die größte der inneren Hebrideninseln an der schottischen Westküste – nur auf Waren aus Schottland zu reduzieren, griffe eindeutig zu kurz.

Denn das Angebot des ungewöhnlichen Geschäfts umfasst Artikel aus allen sogenannten keltischen Nationen, jenen Gebieten im Nordwesten Europas also, die tief in der keltischen Kultur verwurzelt sind. Sogar sprachlich haben diese sich – soweit dies die Anforderungen der modernen Welt zuließen – ihre Eigenständigkeit bewahrt. In aller Regel umfasst der Begriff der keltischen Nationen daher Schottland (keltisch: Alba), Irland (Éire), die Isle of Man (Ellan Vannin), Wales (Cymru), Cornwall (Kernow) und die Bretagne (Breizh).

Im kleinen Laden Isle of Skye finden sich vor allem ausgesuchte Spezialitäten aus der mannigfaltigen Welt des Whiskys (in Irland übrigens „Whiskey" geschrieben). Und tatsächlich wird sich in der näheren und auch weiteren Umgebung nur schwerlich eine derart opulente Auswahl an edlen Single Malts finden lassen wie hier auf der Augsburger „Insel". Viele Kunden kommen aber auch wegen der authentischen und qualitativ hochwertigen Kleidung, etwa den edlen Tweed-Sakkos, den warmen Wollpullovern oder auch den typischen Marinières, jenen weißblau gestreiften Fischerhemden aus der Bretagne. Bei der Auswahl verlässt sich das Fachgeschäft dabei ganz bewusst nur auf Lieferanten aus der jeweiligen Region. Und vielleicht ist eine Stippvisite ins Isle of Skye dann ja auch Anregung genug, selbst einmal eine der keltischen Nationen zu besuchen. Eine Reise in die Augsburger Partnerstadt Inverness wäre schon einmal ein guter Anfang. Und ansonsten gilt: Skye is the limit.

....

● Isle of Skye, Weiße Gasse 10, 86150 Augsburg, Tel. (08 21) 51 94 94
www.isle-of-skye-online.de
● ÖPNV: Tram 1, 2, Haltestelle Moritzplatz

Schöner wohnen

 ## Die Fuggerei

Die offiziellen Farben der Stadt Augsburg sind Rot, Grün und Weiß. So viel ist bekannt und seit dem 14. Jahrhundert verbürgt. Wer allerdings eine Weile durch die Fuggerei wandelt, wird mit der Zeit vielleicht einen etwas anderen Eindruck gewinnen: Denn diese für die gesamte Stadt so prägende Einrichtung erweckt nach einem längeren Spaziergang beim Besucher den Eindruck, es müsse wohl eher die Kombination aus Orange, Grün und Weiß sein: Orange für die Häuserwände, Grün für die Haustüren und Fensterläden und Weiß für die Fensterkreuze und -rahmen.

Fernab dieser Farbenspiele steht die Fuggerei aber in erster Linie für ein weltweit einmaliges Sozialprojekt: Vor fast 500 Jahren wurde die Reihenhaussiedlung von Jakob Fugger dem Reichen ins Leben gerufen, um weniger wohlhabenden Augsburgern ein Dach über dem Kopf zu bieten. Und so ist es bis heute geblieben: Für 88 Cent Jahreskaltmiete und drei Gebete am Tag können bedürftige Augsburger katholischen Glaubens eine Wohnung in den orange-grün-weißen Häuschen beziehen – ein Angebot, um das sich natürlich viele Menschen in Augsburg bewerben. Für die Mieter ist es nicht nur die älteste Sozialsiedlung der Welt, in der sie leben, sie ist auch ein Museum, da die Fuggerei mit ihrem geschichtlichen Hintergrund natürlich auch ein beliebtes Touristenziel darstellt.

Dabei ist die Siedlung selbstverständlich nicht die einzige Hinterlassenschaft jener legendären Kaufmannsfamilie, deren Wirken bereits im ausklingenden Mittelalter viele Entwicklungen des heutigen weltweiten Wirtschaftssystems und der Globalisierung vorwegnahm. Wandelt man mit offenen Augen durch die Augsburger Innenstadt, kommt man an den Fuggern im wahrsten Sinne des Wortes nicht vorbei. Beinahe jedes Bürgerhaus, jede Kirche und sogar die drei Prachtbrunnen sind auf die eine oder andere Weise mit der einstigen Handelsfamilie verbunden. Nur die Stadtfarben, die haben ihren tatsächlichen Ursprung woanders: Sie gehen auf den rot-weißen Schild des Bischofs von Augsburg und das Grün der Zirbelnuss zurück.

● Fuggerei, Jakoberstraße 26 (Haupteingang), 86152 Augsburg, Tel. (08 21) 3 19 88 10
www.fugger.de
● ÖPNV: Bus 23, Tram 1, Haltestelle Fuggerei

Bretter, die die Welt bedeuten

Die Freilichtbühne

Es ist einer der ganz großen Trümpfe der Augsburger Freilichtbühne: Sie bringt ihre Kulisse im Grunde nämlich schon mit. Denn das Rote Tor und die mächtigen Wallanlagen im Hintergrund verleihen der Spielstätte hier im äußersten Süden der Altstadt ihren ganz eigenen Charakter. Der üppige Baumbewuchs hinter den steinernen Wänden lässt von manchen Plätzen zwar auch noch das Heilig-Geist-Spital und die Wassertürme erahnen, umrahmt aber ansonsten fast komplett die Mauern hinter der Bühne wie mit grünem Saum. Gut 2100 Besucher fasst das beeindruckende Theater, das seit 1929 die Zuschauer in seinen Bann zieht.

Die Bastion am Roten Tor selbst wurde in ihrer endgültigen Form Anfang des 17. Jahrhunderts von Stadtbaumeister Elias Holl geschaffen – der vermutlich aber noch nicht ahnen konnte, dass sie einmal eine so prächtige Kulisse für eine Spielfläche abgeben würde. Unbestritten ist die Freilichtbühne am Roten Tor eine der schönsten in Deutschland, wahrscheinlich sogar weit über die Landesgrenzen hinaus. Das Augsburger Staatstheater bringt dabei immer im Sommer Opern, Operetten, Singspiele und Musicals zur Aufführung. Von Carmen über Nabucco bis zu Turandot reicht der Reigen der in den letzten Jahren gegebenen Werke, vom Land des Lächelns bis zur West Side Story, von der Rocky Horror Show bis zu Jesus Christ Superstar. Das Augsburger Freilichttheater bietet aber darüber hinaus auch die Möglichkeit für Gastauftritte und Konzerte anderer Künstler. Und spätestens wenn sich abends dann allmählich die Dunkelheit über die Spielstätte legt, zeigen sich die ganz besondere Atmosphäre und die Magie dieses Ortes. Wenn nur noch die Scheinwerfer das Geschehen auf der Bühne einfangen und man als Zuschauer die Welt um sich herum komplett vergisst.

Viele Augsburger, aber auch viele Gäste von außerhalb besuchen jeden Sommer aufs Neue die Aufführungen unter freiem Himmel. Und trösten sich im Herbst dann wohl schon wieder mit der Vorfreude aufs nächste Jahr.

● Freilichtbühne am Roten Tor, Am Roten Tor 1, 86150 Augsburg
Tel. (08 21) 3 24 49 00, www.staatstheater-augsburg.de
● ÖPNV: Bus 35, Tram 2, 3, 6, Haltestelle Rotes Tor

Global handeln

Das Mercateum in Königsbrunn

Ein reichlich ungewöhnliches Gebilde findet sich in Königsbrunn zwischen dem Gymnasium und der alten Königstherme. Aus einem runden Wasserbecken mit kleinen Fontänen erhebt sich eine riesige helle Kugel. Und erst bei näherem Hinsehen wird deutlich: Es handelt sich um einen Globus – und zwar um den größten Globus der Welt, der auf einer historischen Karte beruht.

Diese Weltkarte, die der gebürtige Portugiese Diego Ribero 1529 im Auftrag Karls V. vollendete, zeichnet buchstäblich ein Bild vom Wissen über unsere Erde, wie es zur damaligen Zeit vorhanden war. Sie wurde 2005 extra für das Mercateum-Projekt aus einem vatikanischen Archiv freigegeben. Der Name der riesigen Weltkugel bezieht sich dabei zum einen natürlich auf den Begriff des Mercators, also eines Händlers oder Kaufmanns, versteht sich zum anderen aber auch als Hommage an den großen Kartografen Gerhard Mercator aus Flandern. Der Königsbrunner Globus selbst erinnert an den von Augsburg und seiner Umgebung ausgehenden friedlichen Handel mit Indien, der im 16. Jahrhundert seinen Anfang nahm. Im Inneren des Mercateums ist ein aus mehreren Ebenen bestehendes Museum untergebracht, das über die Handelswege – etwa die bekannte Gewürzroute – und die Umstände dieser beginnenden Globalisierung informiert. Auf dem Gelände rund um den Globus finden sich auch einige Sitzgelegenheiten, falls man sich etwas mehr Zeit nehmen will, die historische Karte zu studieren.

Und nicht nur der Globus ist etwas aus der Zeit gefallen: In klassischem Gelb lädt auch ein altes Telefonhäuschen die Besucher der Anlage ein – nicht zum Telefonieren, sondern zum Lesen. Denn die Zelle ist zu einem öffentlichen Bücherregal umfunktioniert worden. So lässt es sich im Schatten des Mercateums auch prima schmökern, dem Plätschern des Wassers zuhören und ab und zu einen Blick auf die alte Welt werfen. Oder auf die aktuelle um einen herum. Denn die ist ja schließlich auch noch da.

> **TIPP**
> In der ehemaligen Königstherme gegenüber kann man das Königsbrunner Naturmuseum besuchen.

● Mercateum, Alter Postweg 1, 86343 Königsbrunn
www.mercateum.de
● ÖPNV: Bus 733, 740, Haltestelle Königsbrunn Zentrum

Märchenhafte Stille

Der Brunnenmeisterhof

Es gibt Menschen, die halten den Brunnenmeisterhof in der Nähe des Augsburger Roten Tores für den schönsten Ort der ganzen Altstadt. Einer der ruhigsten ist er auf alle Fälle, denn um hierherzugelangen, muss der Besucher erst einmal den lang gestreckten Innenhof des massiven Heilig-Geist-Spitals durchqueren, das bereits ein wenig abseits der quirligen Innenstadt liegt. Daher ist eine „Zufallsbekanntschaft" mit dem Brunnenmeisterhof beinahe ausgeschlossen – wer ihn betritt, der wollte auch genau hierher.

Im Hof selbst – von vielen Augsburgern übrigens auch Handwerkerhof genannt – offenbart sich dem Betrachter ein anmutiges Ensemble aus einem liebevoll angelegten Garten und drei Wassertürmen, die durch steiles Mauerwerk und hohe Häuserfassaden miteinander verbunden sind. Der Garten verleiht mit seiner bunten Blütenpracht den alten Gemäuern im Hintergrund eine fast schon märchenhaft anmutende Atmosphäre. Inmitten der Blumen, Bäume und Ranken befindet sich dann auch ein Ruhebänkchen, von dem aus sich das Zusammenspiel von Natur und alter Architektur in aller Stille betrachten lässt.

Natürlich sind die denkmalgeschützten Gebäude rund um den Brunnenmeisterhof – wie des gesamten Wasserwerks am Roten Tor – Teil der historischen Wasserwirtschaft Augsburgs. Seit 2019 gehören sie somit auch zum Weltkulturerbe. Quasi im Ruhestand befinden sie sich aber schon seit Langem: Mit der Inbetriebnahme des Wasserwerks am Hochablass im Jahre 1879 endete hier am Roten Tor auch die jahrhundertelange Ära des Großen und des Kleinen Wasserturms im Süden des Hofes sowie des Kasten- oder Spitalturms – wie er auch genannt wird – im Norden. Seitdem haben sie ihre ursprüngliche Funktion verloren und dienen eigentlich nur noch als strahlende Zierde ihrer Stadt und stumme Zeugen ihrer Zeit. Was ihnen hier im romantischen Augsburger Brunnenmeisterhof aber auf immer wieder beeindruckend schöne Weise gelingt.

TIPP
Im Unteren Brunnenmeisterhaus am Rande des Hofes ist das Schwäbische Handwerkermuseum untergebracht.

- Brunnenmeisterhof, Beim Rabenbad, 86150 Augsburg
- ÖPNV: Bus 22, 32, 35, Haltestelle Margaret, Bus 35, Tram 2, 3, 6, Haltestelle Rotes Tor

Anders einkaufen

 Der Unverpacktladen rutaNatur

Bewusst ist es uns eigentlich allen: Die Menge an Verpackungen, die wir nach jedem Einkauf für die Dinge des täglichen Lebens mit nach Hause schleppen, nimmt schon lange überhand. Besonders gilt das für Plastikverpackungen, die dabei den Löwenanteil unseres Mülls ausmachen. Denn trotz moderner Recyclingmethoden landet immer noch viel zu viel davon schließlich als Mikroplastik in der Natur und belastet Böden und Gewässer.

Man muss gar nicht einmal besonders alt sein, um sich an Zeiten zu erinnern, in denen Einkaufen noch anders war. Und das heißt nicht, bis zur Epoche der Tante-Emma-Läden zurückzugehen. Denn auch Supermärkte sahen früher anders aus. Es war eine Selbstverständlichkeit, etwa den eigenen Einkaufskorb mitzunehmen, das Obst oder Gemüse in Papiertüten zu packen oder seine Getränke kastenweise in Pfandflaschen zu kaufen – natürlich aus Glas, Plastikflaschen gab es schlichtweg keine. Insofern ist die Idee, die Ramona Dorner zur Gründung ihres Unverpacktladens rutaNatur brachte, im Grunde Rückbesinnung und Innovation zugleich. Dass die Biolebensmittel des Geschäftes in der Prinzregentenstraße dabei soweit möglich von regionalen Anbietern stammen, ist ein weiterer Punkt, der dem Team von rutaNatur wichtig ist. Noch dazu bringt dieses Gesamtkonzept den Spaß am Einkaufen zurück. Denn sich seine Lebensmittel eigenhändig in mitgebrachte Behältnisse abzufüllen, das Flüssigwaschmittel selbst zu zapfen oder die Zahnputztabletten abzuwiegen, ist tatsächlich ein ganz besonderes, reichlich beglückendes Einkaufserlebnis. Man überlegt also vorher, was und wie viel man von allem braucht, und kauft nur, was wirklich benötigt wird.

Ein gänzlich plastikfreies Leben wird wohl in der heutigen Zeit trotzdem kaum möglich sein. Aber allein schon seinen Verpackungsmüll zu reduzieren und dabei gleichzeitig zu versuchen, sich auf das Wesentliche, das wirklich Nötige, zu konzentrieren, kann dabei helfen, seine eigenen Bedürfnisse besser kennenzulernen.

- rutaNatur, Prinzregentenstraße 7, 86150 Augsburg, Tel. (08 21) 50 82 94 48 www.rutanatur.de
- ÖPNV: Bus 23, 44, Tram 4, Haltestelle Staatstheater, diverse Buslinien, Tram 1, 2, 3, 4, 6, Haltestelle Königsplatz

Zwischenwelten

 Das Gögginger Wäldle

Man sollte die Begrifflichkeiten vielleicht gleich am Anfang klären: Das Gögginger Wäldle (im Dialekt) östlich der Wertach ist zusammen mit dem Wäldle im Köpfle links davon Teil des Landschaftsschutzgebietes Gögginger Wäldchen (auf Hochdeutsch). Dieses besteht bereits seit 1952, als Göggingen noch eine selbstständige Gemeinde war.

Das Gögginger Wäldle liegt auf einer künstlich geschaffenen Insel zwischen der Wertach und dem Fabrikkanal und ist großflächig von stattlichem Wald bedeckt – die Verkleinerungsform ist also wohl ein Ausdruck der typisch schwäbischen Bescheidenheit. Im Südosten des Wäldles befindet sich auf einer großen Wiese an der Waldstraße noch das Gögginger Luftbad, quasi ein kleines Freibad mit allerlei Sportstätten direkt am Kanal. Auch von hier aus lässt sich das dichte Waldgebiet gut erkunden. Dabei geht es dort zumeist ein wenig geruhsamer zu als in den anderen Grünanlagen im Stadtgebiet.

Die meisten Spaziergänger und Läufer wählen den Weg an der Wertach entlang, die sie dabei mit fast schon meditativem Plätschern begleitet. Und man muss auch bestimmt kein Hobbyornithologe sein, um sich an der Vielzahl an Wasservögeln zu erfreuen, die es neben vielen anderen Tieren an und in der Wertach quasi im Vorübergehen zu beobachten gibt. Der Waldweg am Wasser entlang zieht sich insgesamt über gute 1,7 Kilometer – vom Wertachwehr im Süden bis zur fast schon legendären Kulperhütte im Norden. Diese wurde 1926 ursprünglich als Bienenhaus gebaut und durchlebte seither so allerhand Wandlungen, war und ist aber eine feste Institution in der Stadt. Und es scheint fast unvorstellbar, dass es tatsächlich Augsburger geben soll, die hier noch nie nach einem Spaziergang eine Fischsemmel gegessen, bei Sonnenuntergang ein Feierabendbier getrunken oder eine Hochzeitsfeier miterlebt haben. Sachen gibt's!

● Gögginger Wäldle, Zugang über Waldstraße oder Pfarrer-Bogner-Straße, 86199 Augsburg
● ÖPNV: Bus 42, 74, Haltestelle Gabelsberger Straße, Bus 72, 640, Haltestelle Radaustraße

Über sich hinausgewachsen

Der Perlachturm

Ganz fair ist es wahrscheinlich nicht, den Perlachturm in der Altstadt immer nur im Verbund mit dem berühmten Augsburger Rathaus wahrzunehmen – aber wohl unvermeidlich. Zu sehr gehören diese beiden Bauwerke am Rande des belebten Rathausplatzes für die meisten Augsburger doch zusammen.

Dabei hat der Perlachturm eigentlich auch für sich genommen schon allerhand Interessantes zu bieten. Und ist schließlich auch das weit ältere der beiden Gebäude: Denn der Turm wurde bereits im Jahr 989 errichtet. Damals allerdings erreichte er nur knapp die Hälfte seiner heute gut 70 Meter. Im 11. Jahrhundert schloss sich dann quasi im Rücken des Turms die romanische Kirche Sankt Peter am Perlach an, die ihn später auch als Glockenturm nutzte. Zu Beginn der Neuzeit erstmals aufgestockt, erhielt der Perlachturm im Jahre 1618 durch Stadtbaumeister Elias Holl dann schließlich seine endgültige Höhe. Zugleich passte man die Gestaltung der Fassade an das nun gleich daneben neu errichtete Rathaus an. Die Wetterfahne auf der Spitze des Turms zeigt übrigens Cisa, eine früher fast nur in Augsburg verehrte suebische Göttin, die heute noch als Schutzpatronin der Fuggerstadt gilt.

Woher der Perlachturm seinen Namen hat, das ist bis heute nicht abschließend geklärt. Die wohl beliebteste These besagt, er leite sich vom altdeutschen „per" (für „Bär") und „lach" (für „Fest" oder „Aufführung") ab. Es könnte also sein, dass am Rathausplatz einmal Tanzbären für Unterhaltung gesorgt haben. Heutzutage reicht es dort aber eigentlich vollkommen, bei Kaffee und Kuchen in der Sonne zu sitzen und in Ruhe den Perlachturm und das geschäftige Treiben drumherum zu betrachten. Und dabei vielleicht sogar einen günstigen Zeitpunkt erwischt zu haben: Denn täglich um 11 Uhr erklingt das bekannte Glockenspiel des alten Gebäudes. Das hat der Turm dann nun aber wirklich ganz für sich allein.

● Perlachturm, Rathausplatz, 86150 Augsburg
● ÖPNV: Tram 1, 2, Haltestelle Rathausplatz

Wahre Hochkultur

Das Gaswerk

Früher war es einfach: Das Gaswerk im Stadtteil Oberhausen diente schlicht dazu, die Augsburger mit Gas zu versorgen. Aus Steinkohle wurde in den Anfangsjahren nach der Eröffnung 1915 das sogenannte Stadtgas gewonnen. In den 1970er-Jahren erfolgte dann die Umstellung auf Erdgas. 2001 wurde das Oberhauser Gaswerk dann geschlossen und blieb längere Zeit ohne Verwendung.

Heute ist es nicht mehr ganz so einfach: Denn mit einem Satz lässt sich die momentane Nutzung des alten Gaswerks gar nicht mehr beschreiben. Seit 2017 wurde das alte Industriedenkmal massiv umgebaut – und das wird es auch noch immer – und erfüllt nun viele Aufgaben auf einmal: So finden sich mittlerweile etwa diverse Büro- und Gewerbeflächen auf dem weitläufigen Gelände. Besonders kleine und neu gegründete Unternehmen aller möglichen Sparten haben hier ihren Firmensitz. Aber auch für die Kreativwirtschaft und die Kultur ist beziehungsweise wird das alte Areal neue Heimat: Über 5000 Quadratmeter werden insgesamt für Ateliers und Proberäume einmal zur Verfügung stehen, die Koordinierung übernimmt das Kulturreferat der Stadt. Bereits seit 2019 vor Ort ist übrigens die Brechtbühne des Staatstheaters, um die Sanierungsarbeiten der Spielstätte in der Innenstadt zu überbrücken. Auch mit an Bord ist das feine Restaurant im Ofenhaus, das nicht nur mit dem ganz eigenwilligen Charme des alten Industriegebäudes spielt, sondern wo man auch erstklassig speisen kann. Wer sich für die Hintergründe des alten Gaswerksbetriebs interessiert, wird im Museum vor Ort fündig, das vom recht rührigen Verein der Gaswerksfreunde betrieben wird. Deren Mitglieder führen Interessierte auch über das Gelände oder gewähren auf speziellen Touren sogar Ein- oder vielmehr Ausblicke der besonderen Art: Für Schwindelfreie geht es 392 Stufen hinauf auf den alten Gaskessel, um dann auf 84 Metern die Aussicht über Augsburg zu genießen. Und das wäre früher ja nun wirklich nicht gegangen.

● Gaswerk, August-Wessels-Straße 30, 86156 Augsburg
www.gaswerkaugsburg.de
● ÖPNV: Bus 21, Haltestelle Gaswerk

Ein Traum in Weiß

 Der Brautmodenladen Emma the bride

Ein wenig versteckt liegt er in einem schmalen Hof am Augsburger Hunoldsgraben, der kleine Brautmodenladen Emma the bride. Durchschreitet die angehende Ehefrau – vielleicht ja sogar in Begleitung ihrer Hochzeitsentourage – die grüne Eingangspforte, findet sie sich wieder in einem durchaus außergewöhnlichen Geschäft inmitten der verwinkelten Augsburger Altstadt. Schon allein die gewölbeartigen Räumlichkeiten verbreiten eine wahrhaft feierliche Atmosphäre. Dass sich das Aussuchen und das Anprobieren des Brautkleides schon ein wenig wie der Beginn der Hochzeitszeremonie selbst anfühlen, dafür sorgt mit ihrer zuvorkommenden Art und dem geschulten Blick für ihre Kundinnen die Inhaberin selbst. Nadine Greif hatte „Emma the bride" zusammen mit ihrem heutigen Ehemann Max im Jahr 2018 aus der Taufe gehoben. Seitdem präsentiert das charmante Geschäft nicht nur Brautkleider in allen denkbaren Varianten, sondern auch alles, was sonst noch so zu einer echten Braut gehört – vom Blumenschmuck für die Haare über die entsprechenden Jäckchen und Täschchen bis zu den passenden Schuhen.

Dass so eine Anprobe dann schon mal eine Weile dauern kann, versteht sich dabei von selbst. Doch gerade diese Zeit darf sich die Braut hier auch nehmen, um für einen der bedeutendsten Momente des Lebens auch wirklich die richtige Garderobe auszuwählen. Deshalb werden bei Emma the bride zur Beratung auch nur sehr individuell Termine vergeben, damit man sich ganz ungestört und ohne Zeitdruck der Suche nach seinem persönlichen Traumkleid widmen kann.

Bleibt noch die viel gestellte Frage nach der Namensgeberin des kleinen Brautmodenladens: Emma war nämlich ein innig geliebtes vierbeiniges Familienmitglied, das die beiden Gründer auch und gerade mit der Wahl ihres Firmennamens immer in Erinnerung behalten wollten. Welch schöne Idee!

● Emma the bride, Hunoldsgraben 38, 86150 Augsburg, Tel. (08 21) 50 88 00 94
www.emmathebride.de
● ÖPNV: Tram 1, 2, Haltestelle Moritzplatz

Die Welt eine Bühne

Das Sensemble Theater

In der bewegten Theaterszene der Stadt Augsburg spielt das Sensemble eine bedeutende Rolle. Die freie Bühne gibt in erster Linie zeitgenössische Stücke und wurde 1996 vom Dramatiker und Regisseur Sebastian Seidel und von einigen Mitstreitern gegründet. Seit dem Jahr 2000 ist das professionelle Theater in der Kulturfabrik im Augsburger Textilviertel beheimatet. Doch zieht es das Sensemble auch immer wieder nach draußen: Zunächst gastierte man regelmäßig an der Freilichtbühne am Jakoberwallturm, seit 2020 gibt es die Sensemble Sommerwiese direkt neben dem Theater. Zudem veranstaltet das Sensemble seit 2001 sein Theaterfestival im martini-Park. Ein paar Straßenzüge von der Kulturfabrik entfernt wird hier in familiärer Atmosphäre unter freiem Himmel Improvisationstheater gespielt.

Im Stammhaus an der Bergmühlstraße, das man über den Eingang an der Walterstraße betritt, werden überwiegend Uraufführungen dargeboten, ein weiterer Schwerpunkt ist aber auch hier das Improvisationstheater in all seinen Formen. Die Werkstatt für neue Dramatik greift aktuelle gesellschaftliche Entwicklungen auf und spiegelt diese auf der Bühne wider. Aber auch lokale Einflüsse und die Historie der Stadt Augsburg werden hin und wieder in die Stücke mit eingeflochten – wie etwa in „Jakob Fugger Consulting" oder in „Brechtburg. Die Stadtratssitzung".

Die Schauspieler des Sensembles präsentieren ihr Können jedoch nicht nur auf der Bühne, sondern geben es in Seminaren und Workshops auch an andere Theaterbegeisterte weiter – wie der Kontakt und auch der Austausch mit dem Publikum generell zum Konzept des Sensembles gehört. So verschwimmen die Grenzen zwischen Schauspielern und Zuschauern auch spätestens dann, wenn man sich nach einer Vorstellung noch in der hauseigenen Bar und Lounge auf ein Gläschen trifft.

● Sensemble Theater, Bergmühlstraße 34, 86153 Augsburg, Tel. (08 21) 3 49 46 66
www.sensemble.de
● ÖPNV: Bus 33, Haltestelle Glaspalast

In der Ruhe liegt die Kraft

Die Kahnfahrt

Mit dem Ruderboot in aller Ruhe seine Runden ziehen – und dies quasi mitten in der Stadt. Viele Orte dürfte es wohl nicht geben, wo dies so einfach möglich ist wie an der Kahnfahrt in Augsburg. Auch der junge Bertolt Brecht war ein großer Freund dieser schönen Gegend rund um den Äußeren Stadtgraben. Er soll oft und lange am Ufer gegenüber dem Bootsverleih gesessen haben, um zu lesen oder zu schreiben. Noch heute lässt sich nachvollziehen, warum er diesen Ort so gern aufsuchte: Das ansonsten dicht bewachsene Ufer an der heutigen Bert-Brecht-Straße gewährt an einer Stelle einen besonders schönen Blick auf die Kahnfahrt und das gleichnamige Restaurant gegenüber. Und noch eine nicht unwesentliche Kleinigkeit aus dem Leben Brechts ist verbürgt: Hier soll er zum ersten Mal seine Jugendliebe Marie geküsst haben.

Das Restaurant zur Kahnfahrt ist mit seiner ausgesuchten Küche und dem sonnigen Biergarten direkt am Wasser wohl eines der schönsten Ausflugsziele in Augsburg und Umgebung. Restaurantleiter Bela Balogh führt mit seiner Familie das Lokal in nunmehr schon vierter Generation. Neben der Verwendung größtenteils regionaler Zutaten ist es nicht zuletzt auch bekannt für sein im eigenen Holzofen gebackenes Brot.

Das Restaurant liegt zudem romantisch eingebettet inmitten von Teilen der alten Stadtbefestigung. Neben dem Eingangstor baut sich majestätisch der Oblatterwallturm auf – ein ehemaliger Wasserturm. Und diese historische Kulisse lässt sich dabei tatsächlich am besten vom Ruderboot aus betrachten. Wenn man hier auf dem Wasser des Stadtgrabens dann einmal zur Ruhe gekommen ist – und das wird bei dieser bedächtigen Fortbewegungsart zwangsläufig geschehen –, kann man sich kaum noch vorstellen, dass nur ein paar Hundert Meter weiter laute Straßen und eine hektische Betriebsamkeit die Szenerie der Innenstadt bestimmen. Aber diese Hast kann man ja noch ein wenig warten lassen – und bis dahin ein Stückchen weiterrudern.

- Augsburger Kahnfahrt, Riedlerstraße 11, 86152 Augsburg, Tel. (08 21) 3 55 16
www.augsburger-kahnfahrt.de
- ÖPNV: Bus 35, 44, Haltestelle Klinik Vincentinum, Bus, 22, 23, 33, Tram 1, Haltestelle Jakobertor

Coffee to stay

 Das Ladencafé Malzeit

Mit Cafés ist Augsburg eigentlich recht reich gesegnet. Und doch gibt es im Bismarckviertel ein ganz besonderes: das Malzeit. Denn hier wird nicht nur Kaffee in allen möglichen Varianten ausgeschenkt – die Stammgäste sprechen vom besten Cappuccino der Stadt –, sondern hier wird Kaffee quasi gelebt. Und wenn die Zeit mal nicht für ein Tässchen an der Bismarckstraße reichen sollte, bietet das Fachgeschäft auch alles, um sich zu Hause selbst mit gutem Kaffee zu verwöhnen. Das Angebot reicht von der edlen Handkaffeemühle über den original japanischen Kupferfilter bis hin zum vergoldeten Milchschaumkännchen. Und natürlich sind im Laden auch über 60 verschiedene Kaffee- und Espressosorten zu haben – darunter auch echte Raritäten wie etwa die „Zimt-Granate", ein vor der Röstung 72 Stunden in Zimt fermentierter Rohkaffee.

Wer Beratung sucht, wird sie bei Inhaberin Andrea Huber, für die Kaffee längst zur Passion geworden ist, finden. Wer nur ein wenig stöbern möchte, kann dies selbstverständlich auch tun. Schließlich bietet der Laden auch jede Menge anderer entdeckenswerter Dinge – vom Porzellanservice über nachhaltig produzierte Küchenutensilien bis sogar hin zu Werken lokaler Künstler. Wer Geschenke – auch für Nichtkaffeetrinker – sucht, wird im Malzeit also sicher fündig werden. Nach dem Stöbern kann man sich aber getrost wieder den kulinarischen Genüssen des Cafés hingeben. Neben seinen Kaffeespezialitäten – unter anderem gibt es in der warmen Jahreszeit auch geeisten Cappuccino und natürlich auch aromatischen Cold-Brew-Kaffee – serviert das Malzeit auch selbst gemachte Kuchen in allen erdenklichen Varianten.

Ein ganz besonderer Tipp im Sommer sind die vielen, teilweise sogar veganen Bioeissorten, serviert mit essbaren Löffelchen und in der Bioknusperwaffel. Und das können die meisten anderen Cafés nun wirklich nicht vorweisen.

● Malzeit, Bismarckstraße 14, 86159 Augsburg, Tel. (08 21) 29 75 17 46
● ÖPNV: Bus 41, 43, Tram 2, 3, 6, Haltestelle Theodor-Heuss-Platz/IHK, Bus 35, 41, 43, Haltestelle Bismarckbrücke

Im Zeitenstrom

Das Alte Stadtbad

Ein Hallenbad an sich ist nichts besonders Spektakuläres – könnte man meinen. In Augsburg jedoch gibt es ganz in der Nähe der Altstadt eine Badeanstalt, die sich doch sehr von den üblichen Freizeit- und Spaßbädern unterscheidet: Das Alte Stadtbad – der Name lässt es erahnen – ist nämlich ein klassischer Jugendstilbau, der zu Anfang des 20. Jahrhunderts entstand. Nach dem Müllerschen Volksbad in München war es das zweite Hallenbad in Bayern überhaupt und sollte bis 1959 auch das einzige in Augsburg bleiben. Typisch speziell für die Innenarchitektur der damaligen Zeit waren die gewölbeartige Dachkonstruktion und die das Becken umlaufende Galerie. Zudem badeten dem damaligen Zeitgeist entsprechend Frauen und Männer natürlich strikt getrennt, weshalb das Alte Stadtbad bis heute zwei separate Bassins aufweist. Ursprünglich dienten Volksbäder in erster Linie dazu, auch weniger betuchten Bürgern eine Möglichkeit zu bieten, regelmäßige Körperhygiene zu betreiben. Neben den Schwimmbecken an sich standen diesen daher auch Badewannen oder Schwitzbäder zur Verfügung, in Augsburg gab es zudem noch eine eigene Wäscherei.

TIPP
In sommerlicher Hitze kann man im Familienbad am Plärrer oder im Fribbe auch im Freien baden.

Heutzutage lässt es sich im Alten Stadtbad – das übrigens in den Sommermonaten geschlossen ist – in einer finnischen Sauna, einer Biosauna oder einem römisch-irischen Schwitzbad entspannen. Zudem stehen den Besuchern auch ein Tauchbecken, ein Fußbad und diverse Ruhe- und Massageräume zur Verfügung. Und nicht zu vergessen: Das Café im Alten Stadtbad ist nicht zuletzt für seine hausgemachten Kuchen und sein exzellentes Frühstücksbuffet bekannt.

Aber auch wer nur in Ruhe seine Bahnen ziehen und dabei schlicht die augenfällige Schönheit dieser so besonderen Badeanstalt auf sich wirken lassen möchte, ist im Alten Stadtbad gut aufgehoben. Wonach einem also auch immer der Sinn steht: An diesem Ort kann man es sich wahrlich gut gehen lassen.

● Altes Stadtbad, Leonhardsberg 15, 86150 Augsburg, Tel. (08 21) 3 24 97 79
● ÖPNV: Bus 23, 35, 44, Tram 1, Haltestelle Pilgerhausstraße

Welt der Wunder

Das Naturmuseum

Der recht nüchterne Bau an der Ecke Ludwigstraße und Grottenau, den sich das Augsburger Naturmuseum mit dem Planetarium teilt, lässt auf den ersten Blick nicht unbedingt erahnen, welch enorme Vielfalt an Ausstellungsstücken und welch beeindruckende Naturdarstellungen den Besucher erwarten. Doch je weiter man sich durch die Räume mit den effektvoll beleuchteten Vitrinen bewegt, je mehr man sich mit den liebevoll präsentierten Exponaten und multimedialen Erlebnisstationen beschäftigt, desto stärker wird das Staunen über die hier greifbar gemachten Wunder der Natur.

Dabei verschafft die Dauerausstellung dem Besucher eine Übersicht über die Zoologie, gibt Einblicke in die Botanik, erklärt in diesen Zusammenhängen die Methoden der Wissenschaft von den Lebewesen vergangener Erdzeitalter – der Paläontologie – und erläutert zeithistorische Entwicklungen in der Mineralogie und Geologie. Ein besonderes Augenmerk der Ausstellung im Augsburger Naturmuseum gilt dabei der sogenannten Molasse. Diese Bodenschicht, die speziell Süddeutschland und das Alpenvorland prägt, gibt uns nicht nur sicheren Halt unter unseren Füßen, sondern birgt in ihren Sedimenten auch ungeahnte Schätze der Vergangenheit. Der Besucher erfährt etwa die Geschichte der bayerischen Urelefanten. Zudem ist zur Veranschaulichung auch das beeindruckende Skelett einer afrikanischen Elefantendame in der Molasse-Ausstellung zu bestaunen. Lebenden Tieren wie Amphibien oder Reptilien hingegen begegnet man im Vivarium des Hauses.

So vermittelt das Museum auch ein Gefühl für die epochalen Veränderungen, denen die heimatliche Region, aber natürlich auch die gesamte Erde im Laufe der Jahrmillionen unterworfen war – und immer noch ist. Genügend Zeit sollte man sich für die Erkundung des Naturmuseums nehmen, um Stück für Stück die Zusammenhänge zwischen all den Wundern, die einem hier begegnen, zu begreifen und hoffentlich auch seinen eigenen Platz als Mensch und Individuum zu erkennen – nämlich schlichtweg als Teil des Phänomens, das wir Natur nennen.

- Naturmuseum, Ludwigstraße 14, 86152 Augsburg, Tel. (08 21) 3 24 67 40
  www.augsburg.de/naturmuseum
- ÖPNV: Bus 23, 44, Haltestellen Karlstraße und Staatstheater, Tram 1, 2, Haltestelle Rathausplatz, Tram 2, Haltestelle Dom/Stadtwerke

Raue Einsamkeit

Die Wolfzahnau

Ein wenig Anstrengung erfordert es schon, um an einen der schönsten und – zumindest zu bestimmten Tageszeiten – vielleicht auch exklusivsten Orte in Augsburg zu gelangen. Die Rede ist von der Wolfzahnau, jener Landzunge, an der Wertach und Lech zusammenfließen. Genauer gesagt ist es eigentlich zunächst der Auslaufkanal, der sich hier 200 Meter nach seinem Wasserkraftwerk mit dem Lech vereinigt. Die parallel dazu fließende Wertach stößt erst ein wenig dahinter dazu. Vom Industriegebiet in der Franz-Josef-Strauß-Straße zieht sich ein Weg über 1,5 Kilometer an ebenjenem Auslaufkanal entlang und führt direkt vor das Tor des Wasserkraftwerks. Rechterhand blickt man nur noch auf eine Wiese am Waldesrand. Aber wenn man sehr genau hinsieht, entdeckt man den kleinen Pfad, der schließlich ins Unterholz und kurze Zeit später auch zum Ziel führt. Beim Durchschreiten des kleinen Urwäldchens ist festes Schuhwerk durchaus von Vorteil, um auch heil an jenem wilden Kiesstrand anzugelangen, an dem sich die beiden Gewässer vereinigen.

Ihren so poetischen Namen verdankt die Wolfzahnau wohl dem hier früher angesiedelten Gasthaus „Zum Wolfszahn", für das wiederum wahrscheinlich die spitz zulaufende Kontur der größtenteils bewaldeten Insel Pate stand. Heute wird die Bezeichnung aber auch synonym nur für den keilförmigen Kiesstrand an der Nordspitze verwendet.

Dort angekommen, lässt sich die raue Kraft des Wassers erspüren und die wilde Auenlandschaft um sich herum bewundern. Und es reicht vollkommen, einfach nur dazusitzen und zu schauen, jede Aktivität wäre eine zu viel. Wie von selbst ist man plötzlich im Einklang mit der Natur, dem in unseren hektischen Zeiten allzu sehnsuchtsvoll und daher vielleicht ein bisschen zu vehement nachgespürt wird. Hier draußen in der Wolfzahnau lässt er sich in aller Schönheit tatsächlich noch ganz einfach erleben.

● Wolfzahnau, Zugang über Franz-Josef-Strauß-Straße, 86153 Augsburg
● ÖPNV: Bus 35, Haltestelle Dieselbrücke, etwa 20 Minuten Fußweg

Weiß-blaues Grün

 Der Wittelsbacher Park

Südwestlich der Innenstadt findet sich mit dem Wittelsbacher Park ein weiterer Beleg dafür, dass Augsburg zweifellos zu den grünsten Städten Deutschlands gezählt werden darf. Eingehegt wird die 18 Hektar große grüne Erholungsanlage vom Wertachtal im Westen und dem Antonsviertel im Osten. Im Norden begrenzen die Kongresshalle und der Parkgarten mit seinem malerischen Seepavillon sowie natürlich der Hotelturm – mittlerweile wohl eines der markantesten Wahrzeichen der Fuggerstadt – den Wittelsbacher Park, während dieser im Süden von der Erhard-Wunderlich-Sporthalle abgeschlossen wird. Seine weiten Wiesen eignen sich ideal zum Sporteln und Spielen, während seine Bäume im Sommer immer genügend Schatten spenden, um sich dann auch mal wieder von den eigenen Aktivitäten zu erholen.

Der Park erhielt übrigens erst im Jahr 1906 seinen heutigen Namen – zunächst allerdings nur dessen südlicher Teil. Die Namensgebung war eine Huldigung gegenüber dem Adelsgeschlecht der Wittelsbacher, die jahrhundertelang die Herrschaft über das Bayernland ausübten. Besonders beliebt bei den hiesigen Schwaben war die altbayerische Dominanz über die einst freie Reichsstadt Augsburg, die 1805 dem Königreich Bayern zugeschlagen wurde, indes nie – woran sich gefühlt bis heute so viel nicht geändert haben dürfte. Mittlerweile hat sich aber zumindest der Name für den ganzen Park durchgesetzt, auch für die Teile des ehemaligen Stadtgartens beim heutigen Kongressgelände.

Und ein besonderes Kuriosum hat der Park zudem zu bieten: Ein japanischer Geschäftsmann stiftete 1956 aus Bewunderung den Rudolf-Diesel-Gedächtnishain, einen Steingarten im traditionell asiatischen Stil seiner Heimat. Diesel hatte nämlich hier in Augsburg, der Geburtsstadt seines Vaters, bei der örtlichen Maschinenfabrik den Durchbruch zur Entwicklung seines Selbstzündermotors erzielt – und von da an weltweit für bewegte Zeiten gesorgt.

- Wittelsbacher Park, Zugang unter anderem über die Rosenaustraße, 86159 Augsburg
- ÖPNV: Bus 700, Tram 1, Haltestelle Kongress am Park

Übers Wasser gehen

Der Hochablass

Es sieht nicht immer gut aus, wenn sich Natur und Technik vereinen. Am Augsburger Hochablass hingegen gehen beide eine aus so manchem Blickwinkel fast schon romantisch anmutende Symbiose ein. Was nicht zuletzt wohl am malerischen Glockenturm des Getriebehäuschens mit seinem patinagrünen Dach liegen dürfte, der quasi mitten im Lech steht und über das gewaltige Stauwehr wacht. Dieses lenkt das Wasser des Flusses zu Teilen über den Hauptstadtbach in die Innenstadt, speist aber nebenbei auch den olympischen Eiskanal, also die künstlich angelegte Wildwasserstrecke der Spiele von 1972. Der Hochablass ist Teil der historischen Wasserwirtschaft, für die Augsburg ins UNESCO-Weltkulturerbe aufgenommen wurde. Erste Vorläufer des heutigen Wehres reichen dabei bis weit ins Mittelalter zurück.

Für die meisten Besucher ist der Hochablass allerdings nicht die alleinige Attraktion hier am Lech, sondern mit seinem breiten Steg für Fußgänger und Radfahrer – die hier allerdings schieben müssen – auch eine willkommene Abkürzung über den breiten Fluss. So verbindet das Stauwehr zwar rein technisch gesehen schlicht die Stadtteile Spickel im Westen und Hochzoll im Osten. Für sonnenhungrige und badefreudige Augsburger ist aber wohl viel entscheidender, dass man von den Siebentischanlagen und vom Stadtwald aus problemlos hinüber zum Kuhsee – und natürlich später auch wieder zurück – gelangt.

Zwischen Hochablass und Kuhsee hat sich auf der östlichen Lechseite dann noch strategisch günstig die „Schwarze Kiste" platziert, wo sich neben allerlei typischer Biergartenschmankerln auch durchaus ansprechende vegetarische und vegane Gerichte bestellen lassen. Daher gibt es auch aus kulinarischer Sicht genügend gute Gründe, wieder einmal einen Ausflug an den Augsburger Hochablass zu unternehmen.

> **TIPP**
> Nordwestlich des Hochablasses kann das historische Wasserwerk aus dem Jahr 1879 besichtigt werden.

● Hochablass, 86163 Augsburg
● ÖPNV: Bus 29, Haltestelle Münchner Straße

Wie alles begann

 Die Römermauer

Von nichts kommt bekanntlich nichts – auch kein Städtename. Im Fall von Augsburg waren es die Römer, die für die Bezeichnung der heute knapp 300.000 Einwohner zählenden Stadt gesorgt haben. Genauer gesagt war es eigentlich eher nur ein Römer, dafür aber ein ganz besonderer: ein gewisser Gaius Octavius, besser bekannt als Kaiser Augustus, der die Geschicke des Römischen Reiches vom Jahr 31 vor unserer Zeitrechnung an 45 Jahre lang lenken sollte. Vom ursprünglichen Aelia Augusta, einer Kurzform der offiziellen Bezeichnung Municipium Aelium Augustum, verschob sich der Name der römischen Siedlung im Laufe der Zeit zu Augusta Vindelicum (oder auch Augusta Vindelicorum), wobei der hintere Namensteil für den keltischen Stamm der Vindeliker stand. Im Mittelalter wurde dann aus dem Kaisernamen Augustus der Name Augsburg abgeleitet.

Dass die Römer die Stadt nicht nur bei der Namensgebung prägten, zeigt die Römermauer am Augsburger Dom. Hier sind allerlei Nachbildungen bedeutender Funde zu bewundern, die Originale befinden sich im hiesigen Römischen Museum. Unter anderem stammen die Exponate auch aus jener bewegten Zeit, als das spätere Augsburg sogar die offizielle Hauptstadt der Provinz Rätien war. Dass es das südwestlich gelegene Kempten (Cambodunum) damals als wichtigste Stadt der Region ablöste, haben die dort ansässigen Allgäuer den Augsburgern übrigens bis heute noch nicht so richtig verziehen.

Natürlich darf an der Römermauer auch die obligatorische Zirbelnuss nicht fehlen, ursprünglich ein Fruchtbarkeitsymbol und seit Jahrhunderten das Augsburger Wahrzeichen, welches wohl dereinst als römisches Standartenzeichen Einzug in Augusta Vindelicum hielt. Und wohl nicht nur deshalb ist die Römermauer für die Augsburger heute ein Ort, der ihre Geschichte spiegelt und somit auch zum Selbstverständnis dieser so altehrwürdigen Stadt gehört.

....

- Römermauer am Dom, 86152 Augsburg
- ÖPNV: Tram 2, Haltestelle Dom/Stadtwerke

Kunstvolle Karten

Das Druckspätzle

Am Fuße der Barfüßerkirche liegt ein wenig versteckt zwischen anderen kleinen Läden das Druckspätzle – ein Kaufladen für Gedrucktes, Papierwerk und Kunst, wie es sich selbst beschreibt. Und in der Tat: Das Geschäft in der Barfüßerstraße ist eigentlich eher eine Art Galerie, in der man individuell gestaltete Karten, Origami-Kreationen, kleine gedruckte Andenken an Augsburg sowie vielfältige andere Kunstwerke erstehen kann. Sogar eine „Dogerie" – eine kleine Werkschau mit allerlei Hundemotiven – ist im Druckspätzle zu finden. Es lohnt sich, öfter mal ganz unvermittelt vorbeizuschauen und ein wenig zu stöbern, da sich die Angebotspalette immer wieder ändert und es Neues zu entdecken gibt. Finden jedenfalls wird man stets etwas – es darf ja auch gerne ein Geschenk für jemand anderen sein.

Das Druckspätzle ist – so klein es auch sein mag – zudem ein Ort für kulturelle Veranstaltungen wie Ausstellungen oder Vernissagen und damit eben viel mehr als ein reines Verkaufsgeschäft. Mit dieser Idee im Kopf wurde der ungewöhnliche Laden 2013 von vier Augsburger Künstlern gegründet. So verwundert es nicht, dass das Druckspätzle viele seiner Kunstwerke noch auf der über 120 Jahre alten Druckerpresse im ersten Stock herstellt. Kunden können die Motive für ihre Karten selbst entwerfen und die Druckplatten – falls gewünscht – eigenhändig schneiden.

Meist steht dabei der Kunstpädagoge Gregor Nagler unterstützend an der Presse, seines Zeichens auch langjähriger Stadtführer in Augsburg, das ja auf eine jahrhundertelange Druckertradition zurückblicken kann. Er ist somit immer sehr nahe dran an den Geschehnissen seiner Stadt und eben auch bestens vertraut mit all ihren kleinen und großen Sehenswürdigkeiten, die es wert sind, in künstlerischer Form den Weg aufs Papier zu finden. Wovon man sich dann einmal selbst in der Barfüßerstraße überzeugen kann.

● Druckspätzle, Barfüßerstraße 8, 86150 Augsburg
druckspaetzle.wixsite.com/nest
● ÖPNV: Bus 35, Tram 1, Haltestelle Barfüßerbrücke/Brechthaus

Druckspötzle

Wo wilde Wasser walten

Der Eiskanal

Augsburg ist nicht nur Fuggerstadt, Augsburg ist auch Olympiastadt. Zwar überließ man die Spiele 1972 nominell den oberbayerischen Nachbarn aus München, holte dafür aber den erstmals ausgetragenen olympischen Kanuslalom nach Schwaben.

Aus dem alten Eiskanal, der einst das gefährliche Treibeis des Lechs von den Turbinen des Wasserwerks am Hochablass und den Kanälen in Richtung Innenstadt fernhalten sollte, wurde so im Vorfeld von Olympia die erste künstlich angelegte Wildwasserstrecke der Welt. 1972 säumten dann 24.000 Zuschauer den etwa 660 Meter langen Kanal und hofften wegen des klaren Heimvorteils auch inbrünstig auf Siege der bundesdeutschen Olympioniken – mit dem Ergebnis, dass letztlich alle vier zu vergebenden Goldmedaillen an die DDR gingen. Diese hatte die Augsburger Strecke vor den Spielen heimlich und unter großem Aufwand auf heimischem Boden einfach nachgebaut und ihre Sportler dann dort für Olympia trainieren lassen.

Heutzutage finden auf dem Eiskanal ebenfalls noch hochrangige nationale und internationale Titelkämpfe statt. Doch auch abseits der großen Veranstaltungen tummeln sich an der Augsburger Wildwasserstrecke immer genügend interessierte Zuschauer, die den einheimischen Sportlern in ihren Kajaks und Kanadiern bei ihren tollkühnen Ritten um die Torstangen zusehen. Denn der Kanal ist im Verbund mit dem Kuhsee, dem Hochablass und den Siebentischanlagen Teil eines ausgedehnten und äußerst beliebten Naherholungsgebietes – und zudem eine sehr reizvolle Umgebung zum Spazierengehen. Doch bis diese Disziplin schlussendlich olympisch werden wird, dürfte es wohl noch eine ganze Weile dauern. Auch wenn sich Augsburg dann sicher gerne wieder als Austragungsort zur Verfügung stellen würde.

● Am Eiskanal (Olympiastützpunkt), 86161 Augsburg
● ÖPNV: Tram 6, Haltestelle Am Eiskanal, Bus 73, Haltestelle Ablaßweg

Auf leisen Sohlen

 Der Pfad der Sinne in Königsbrunn

Es kitzelt, es piekt, es zwackt: Wer sich im Königsbrunner Park der Sinne auch auf den Pfad der Sinne begibt, wird wahrscheinlich Eindrücke gewinnen, wie er sie zuletzt vielleicht in Kindertagen oder sogar noch nie erfahren hat. Der Pfad lässt den Barfußgeher an 30 verschiedenen Stationen die unterschiedlichsten natürlichen Materialien unter seinen Füßen spüren. Das reicht von Flusskieseln über Quarzsand, Pinienrinde, Glasgranulat und Holzhäckseln bis zu Korkschnipseln. Harter und weicher Untergrund wechseln sich dabei ab, sodass der Kontrast die Sinneswahrnehmung noch verstärkt. Hier und da sind auch kleine Grünflächen mit Kräuterbeeten eingestreut, ein langer Baumstamm oder dicke Holzpalisaden zwingen auch mal zum Balancieren. All diese Eindrücke lassen dann auch mehr als einmal Erinnerungen an vergangene Kindertage aufleben, als Barfußlaufen im Sommer eher noch die Regel war, bevor sich dies mit dem allmählichen Erwachsenwerden mehr und mehr verlor.

Ebenso unterschiedlich wie die Bodenbeläge sind auch die Pflanzen, die den Pfad säumen. Auch sie laden dazu ein, sich ganz auf seine ursprünglichen Sinnesempfindungen einzulassen. Magnolien, Flieder oder Herlitzen bieten nicht nur optisch ein harmonisches Bild, sondern sprechen mit ihrem herrlichen Duft auch den Geruchssinn der Besucher an. Mit allen Sinnen lässt sich der Pfad so erleben. Am Rande des Parks wurde zudem ein Kräutergarten angelegt, in dem ein paar Bänkchen zum Verweilen verführen – und sei es nur zum entspannten Schauen oder angeregten Schnuppern.

Als sensibilisierenden Einstieg vor dem Betreten des Barfußpfads lässt sich übrigens eine bedächtige Runde im gepflegten Kneippbecken der Anlage drehen. Manche Besucher bevorzugen den kalt-nassen Storchengang dann aber auch erst hinterher als krönenden Abschluss. Und sind sich ganz sicher, zu Hause erst einmal eine Befreiungsbewegung zu gründen – zumindest einmal von ihren Schuhen.

- Pfad der Sinne, Untere Kreuzstraße, 86343 Königsbrunn
- ÖPNV: Bus 733, 740, Haltestelle Königsbrunn Zentrum

Die Nächste, bitte!

 Die Puppenklinik und Teddywerkstatt

Sie ist eine Ambulanz der ganz besonderen Art. Ihre Patienten kommen aus ganz Deutschland, ja sogar aus dem europäischen Ausland, manche auch aus Übersee. In der Augsburger Puppenklinik und Teddywerkstatt des Ehepaars Eva-Maria und Harald Haschler werden selbst die schwierigsten Fälle wieder liebevoll gesund gepflegt. Man könnte auch ein wenig technischer sagen: fachmännisch repariert und restauriert. Natürlich hängen vor allem Kinder an ihren mal mehr, mal weniger ramponierten Puppen und Schmusetieren. Aber es kommen auch viele Erwachsene in das kleine Ladengeschäft, die ihre Weggefährten aus Kindertagen unverhofft wiedergefunden haben und sie nun etwas aufpäppeln möchten. Die Älteren können es dann auch meist verschmerzen, ein paar Tage auf ihre wiederentdeckten Lieblinge zu warten. Bei Kindern sollte es meist aber schneller gehen, wofür die Puppenklinik extra vier „Notfallbetten" bereithält.

Man merkt dem Ehepaar Haschler und ihrer Mitarbeiterin Karolina Kapanikis die Leidenschaft für ihre Patienten aus Porzellan, Plastik oder Plüsch – die beispielsweise aus dem Hause Käthe Kruse, Schildkröt oder Steiff stammen – auch nach Jahrzehnten der „Doktorentätigkeit" noch an. Aber mindestens ebenso wichtig ist das Einfühlungsvermögen in deren menschliche Angehörige. Denn gerade der Umgang mit den kleinen und auch den etwas größeren Kunden ist es, was die warmherzige Atmosphäre des Werkstattladens hier im Kreuzviertel ausmacht.

Puppenliebhaber und Plüschtierfreunde müssen übrigens nicht erst warten, bis sie selbst einen Notfall in der Familie haben, um sich im Geschäft der Haschlers einmal umzusehen: Der Laden führt natürlich auch neue Puppen und Schmusetiere mit allem, was dazugehört. Und wenn im Laufe der Jahre dann doch mal etwas kaputtgehen sollte: Man kann sich sicher sein, dass die Augsburger Puppenklinik und Teddywerkstatt das wieder hinbekommt.

....

● Puppenklinik und Teddywerkstatt, Auf dem Kreuz 10, 86152 Augsburg
Tel. (08 21) 5 08 21 79, www.puppenklinik-augsburg.de
● ÖPNV: Tram 2, Haltestelle Mozarthaus/Kolping

Unendliche Weisheiten

Das S-Planetarium

In einer Großstadt wie Augsburg einfach einmal nachts bei klarem Himmel in die Sterne zu schauen, ist ein Versuch mit meist frustrierendem Ausgang. Mit etwas Glück wird man vielleicht noch einen Blick erhaschen auf ein paar leuchtstarke Himmelskörper, die es durch die städtische Lichtverschmutzung hindurch schaffen. Für einen „Spaziergang" durch die Wunderwelt der Planeten, Sterne und Galaxien, die sich da über unseren Köpfen abspielt, wird es wohl leider nicht reichen. Zumindest aber bietet sich in Augsburg noch eine ganz andere Möglichkeit, das Faszinosum Weltall zu begreifen – oder dies angesichts der eigentlich unvorstellbaren Dimensionen unseres Universums zumindest zu versuchen: das S-Planetarium.

Dieses entstand bereits in den 1980er-Jahren aus einer Stiftung der Stadtsparkasse (daher das „S" im Namen). Seither werden in dieser Augsburger Institution Besucher durch beeindruckende kuppelfüllende Projektionen geführt und tauchen ein in vormals noch so fremde Welten. Dabei erfahren sie nicht nur etwas über die Geheimnisse des nächtlichen Sternenhimmels, sondern können anhand sogenannter 360-Grad-Fulldome-Filme auch virtuelle Reisen durch die Weiten des gesamten Universums wagen.

Unbeeindruckt wird diese Erfahrung bestimmt niemanden lassen – und eventuell sogar dazu führen, auch mal ein oder zwei Gedanken über die eigene Rolle inmitten dieses endlos scheinenden Raumes zu verschwenden. Vielleicht ist der Besuch im Augsburger Planetarium ja für den einen oder anderen aber auch Anlass, irgendwann einfach einmal selbst mit einem Feldstecher oder einem kleinen Teleskop hinauszufahren auf einen einsamen Hügel fernab des großstädtischen Streulichts – und sich den Wundern des nächtlichen Firmaments hinzugeben. Wo genau man hingucken muss, das weiß man ja jetzt.

● S-Planetarium, Ludwigstraße 14, 86152 Augsburg
Tel. (08 21) 3 24 67 40, www.s-planetarium.de
● ÖPNV: Bus 23, 44, Haltestellen Karlstraße und Staatstheater, Tram 1, 2, Haltestelle Rathausplatz, Tram 2, Haltestelle Dom/Stadtwerke

Kulturgenuss im Grünen

Das Parktheater im Kurhaus Göggingen

Das Parktheater im Kurhaus des Augsburger Stadtteils Göggingen trägt den Park schon im Namen. Denn allein diese nach dem Vorbild englischer Landschaftsgärten gestaltete Grünanlage lädt dazu ein, besucht zu werden. Eine fast schon erhabene Atmosphäre herrscht hier: mächtige Bäume, die im Sommer Schatten spenden, üppig angelegte Blumenbeete und fein geschwungene Wege, die sich durch die ganze Anlage ziehen. Von überall im Park kann man deshalb einen Blick auf das wie ein Märchenschloss wirkende Kurhaus erhaschen. Zudem ist der öffentlich zugängliche Park auch eine wahre Oase der Ruhe und meist nicht besonders stark frequentiert. So verwundert es nicht, dass man die Anlage häufig für sich allein hat, allenfalls muss man sie vielleicht hier und da mit ein paar Besuchern teilen, die auf den Bänkchen unter den Bäumen in ein Buch vertieft sind. Einmal im Jahr ist der Garten auch Schauplatz von Kunstinstallationen – wie 2019 etwa für die 100 Brecht-Skulpturen des Künstlers Ottmar Hörl.

Das Parktheater im Kurhaus selbst ist recht zentral in Göggingen gelegen. Es wurde 1886 eröffnet und sollte den Gästen der Hessingschen Kurklinik mit seinen Theateraufführungen etwas Zerstreuung verschaffen, aber auch als gesellschaftlicher Treffpunkt dienen. Die gewagte Eisen-Glas-Konstruktion des Augsburger Architekten Jean Keller ist eines der letzten Zeugnisse dieser Bauart in ganz Europa, wenn das Kurhaus auch – ebenso wie der Park – nach einem Brand beinahe komplett rekonstruiert werden musste. Was auch für seine prunkvollen Glasfenster galt, die heute wieder die Räume und vor allem den unvergleichlich schönen Theatersaal mit Licht fluten.

Es ist wohl das Zusammenspiel aus dem Grün des Parks mit der fast märchenhaften Architektur des Kurhauses, das diesen Ort so einmalig macht. Und aufs Neue beweist, dass Natur und Kultur eine bemerkenswerte Symbiose eingehen können – wenn man sie so malerisch gestaltet wie hier in Göggingen.

● Parktheater im Kurhaus Göggingen, Klausenberg 6, 86199 Augsburg
Tel. (08 21) 9 06 22 11, www.parktheater.de
● ÖPNV: Bus 38, 72, 76, Tram 1, Haltestelle Göggingen Rathaus

Gut vorbereitet

Der Laden Paulikocht

Eigentlich lohnt sich der Besuch im Paulikocht schon allein wegen seiner wunderbaren Lage. Etwas abseits der Innenstadt, aber von dort in wenigen Minuten zu Fuß zu erreichen, liegt der etwas andere Laden von Anja Licht am Augsburger Mauerberg. Das Liliom ist gleich um die Ecke, hinter dem Haus plätschert der Stadtbach entlang, an dem Paulikocht auch einen kleinen Kaffeegarten eingerichtet hat.

Um es vorab zu klären: Anja Licht höchstselbst ist Pauli, einer recht freien Interpretation ihres Mädchennamens aus Kindertagen folgend. In ihrem Laden wie auch auf ihrer Website bietet sie unter anderem ungekühlt haltbare Gerichte im Glas: das „Einfach Mahl" in verschiedenen Sorten. Bereits fertig zubereitet lassen sich diese Mahlzeiten überallhin mitnehmen: Mealprep ist das Motto. Wert wird dabei auf natürliche Inhaltsstoffe gelegt – was auch für das breite „Gewürzgedöns"-Sortiment gilt: So heißt nämlich die Reihe an Gewürzmischungen, die Paulikocht ebenfalls im Angebot hat. Die Palette reicht dabei von salzig bis süß, vom Reis-Bowl-Gedöns „Bowl it like Buddha" über das Salatgedöns „Grünzeug-Zeugs" bis hin zum „Schokokracher", einem Porridgegedöns.

Darüber hinaus bietet der Laden am Mauerberg aber auch ein eigenes Kaffeebohnensortiment, viele Produkte anderer Food-Start-ups und allerlei Küchenzubehör, wobei das Hauptaugenmerk hierbei auf Nachhaltigkeit liegt – zum Beispiel bei den Lunchboxen aus Edelstahl. Es macht schlichtweg Spaß, einfach einmal ein wenig durch den Laden zu stöbern. Und wenn nicht für sich selbst, so wird man bestimmt das eine oder andere Mitbringsel für einen lieben Menschen entdecken. Im selben Gebäude hat sich übrigens auch noch „Mr. Pauli" eingerichtet, der Kreativen und Medienschaffenden Büroräume mit einem angegliederten Konferenzraum und einem Fotostudio zur Verfügung stellt. Es lässt sich eben nicht nur gut einkaufen am ruhigen Mauerberg, sondern auch noch gut arbeiten.

- Paulikocht, Mauerberg 26, 86152 Augsburg, Tel. (08 21) 50 83 10 13 www.paulikocht.com
- ÖPNV: Bus 23, 35, 44, Tram 1, Haltestelle Pilgerhausstraße, Tram 2, Haltestelle Dom/Stadtwerke

Vom Großen im Kleinen

Der Stempflesee

Er kann nicht ganz mithalten mit seinen großen Brüdern, die entlang der Ostseite des Lechs liegen wie etwa der Kuhsee, der Auensee oder der Weitmannsee – zumindest, was die Größe anbelangt. Dafür punktet der kleine Stempflesee mit anderen Qualitäten, vor allem natürlich mit seiner ausgesucht schönen Lage am Übergang von den Siebentischanlagen zum Siebentischwald. Ursprünglich war er in den 1920er-Jahren quasi als Ergänzung gedacht zur beliebten Siebentischgaststätte am Waldesrand. Diese fiel 1944 aber einem Bombenangriff zum Opfer. Und auch der Stempflesee selbst erlitt Treffer und lief schließlich aus. Jedoch recht bald nach Kriegsende wurde der See wiederhergestellt. Seinen Namen verdankt der kleine Waldsee übrigens einem gewissen Gottfried Stempfle, seinerzeit Mitglied des Augsburger Magistrats und leidenschaftlicher Förderer des Seeprojektes.

Heutzutage dient das Gewässer den Augsburgern als eine Oase der Ruhe, als kleine Zuflucht aus der hektischen, gar nicht allzu weit entfernten Stadt. Junge Familien packen ihr Picknick unter den Bäumen am Ufer aus, Jogger und Spaziergänger erholen sich für eine Weile mit Blick auf den See und ältere Damen und Herren sitzen auf den Bänken rund um das Gewässer und beobachten die zahlreichen Schwäne, Enten und Gänse, die sich auf der Wasseroberfläche niedergelassen haben – und häufig auch ein dankbares Motiv für so manchen Hobbyfotografen abgeben.

Doch nicht nur in der warmen Jahreszeit erfreut sich der Stempflesee stetiger Beliebtheit, auch im Winter ist er ein Anziehungspunkt für die Augsburger. Das mag zum einen an der romantischen Lage im verschneiten Winterwald liegen, zum anderen aber natürlich auch an der Möglichkeit zum Schlittschuhlaufen, wenn das Eis dann ausreichend trägt. Und dies ist in der Regel am Stempflesee deutlich schneller der Fall als bei den größeren Seen drüben auf der anderen Seite des Lechs. Manchmal kann es also auch von Vorteil sein, nicht unbedingt zu den Größten zu zählen.

- Stempflesee, Ilsungstraße/Siebentischstraße, 86161 Augsburg
- ÖPNV: Bus 32, 73, Haltestelle Zoo/Botanischer Garten, Tram 2, Haltestelle Sportanlage Süd P+R

Gut eingebunden

 Die AltstadtBuchbinderei

Es ist ein altes Handwerk, das Elisabeth Zelck beherrscht – und allzu viele Kolleginnen und Kollegen dürfte es in der Tat auch nicht mehr geben, die können, was sie kann. Denn die gelernte Buchbindermeisterin ist eine der Letzten, die ihr Gewerk noch in reiner Handarbeit betreibt. Und wohl kaum ein Ort wäre hierfür besser geeignet als das Augsburger Lechviertel. Denn die Fuggerstadt besitzt eine lange Tradition in der Buchbinderei: Die alte Zunft reicht hier vor Ort nämlich bis in das frühe 16. Jahrhundert zurück.

Die 1885 gegründete Werkstatt selbst atmet quasi bis heute diese Tradition, es riecht nach Leder, Pergament und Kleber, direkt am Eingang empfangen den Besucher schon diverse Arbeitsproben der Buchbindermeisterin. Jubiläumsschriften sind dabei, Diplomarbeiten, Fotoalben und natürlich edle Speisekarten für Restaurants, aber auch schmuckvolle Schachteln in allen Variationen und meisterhaft geprägte Urkunden. All diese Produkte entstehen in der AltstadtBuchbinderei ausschließlich in Handarbeit, oftmals als Einzelstücke oder in Kleinserien. Hinten in der Werkstatt sind dann auch schon die Schneidemaschinen zu sehen, die unzähligen Rollen an Einbandmaterial und ein wahres Sammelsurium an Kleinteilen wie etwa diverse Prägebuchstaben für den kunstvollen Eindruck des Buchtitels.

Doch Elisabeth Zelck stellt nicht nur Neueinbindungen her, sondern repariert auch liebgewonnene Bücher, die im Laufe der Jahre, Jahrzehnte, vielleicht sogar Jahrhunderte ein wenig aus der Form geraten sind. Und wer möchte, kann sich von ihr auch in Kursen zeigen lassen, wie man Skizzenbücher fertigt, originelle Geschenkverpackungen falzt oder sogar seinem eigenen Buch einen passenden Einband beschert – und damit eine alte Augsburger Tradition am Leben erhält.

● AltstadtBuchbinderei, Schmiedgasse 15, 86150 Augsburg, Tel. (08 21) 4 20 94 60
www.altstadtbuchbinderei.de
● ÖPNV: Bus 35, Tram 1, Haltestelle Barfüßerbrücke/Brechthaus

Die Perspektive wechseln

 Der Schaezlerbrunnen

Nicht nur das bekannte Schaezlerpalais in der Innenstadt trägt den Namen der berühmten Augsburger Adels- und Bankiersfamilie, sondern auch ein etwas bescheidener dimensioniertes Bauwerk in den Siebentischanlagen: der Schaezlerbrunnen. Gerade in der Hitze der Sommermonate ist der schattige Ort ein idealer Platz zum Durchschnaufen inmitten des satten Grüns drumherum. Errichtet wurde der 6 Meter hohe Brunnen, der ein Becken aus Muschelkalk besitzt und auf der Spitze seines Portalbogens eine markante Zirbelnuss aufweist, im Jahre 1908.

Der Schaezlerbrunnen – oder hochoffiziell laut Inschrift auch: „Freiherr Edmund von Schäzler [sic] Brunnen" – wurde aus Dankbarkeit besagtem Freiherrn gewidmet, der mit einer Stiftung einige Jahre zuvor maßgeblich dazu beigetragen hatte, die Erweiterung der Siebentischanlagen voranzutreiben. Der Brunnen war dabei ursprünglich Endpunkt eines bereits vorher in Angriff genommenen, sehr besonderen Gartenkonzepts, nämlich einer „grünen Basilika". Er selbst sollte dabei den Altar symbolisieren, von dem aus ein symmetrisch angelegter Eichenhain und extra angelegte Fußwege den Grundriss eines Kirchenschiffs nachbildeten. Im Laufe der Jahre verschwand dieser Aufbau auf natürliche Weise jedoch wieder, bis die Anlage schließlich in jüngerer Zeit rekonstruiert wurde.

So ergibt sich für den Besucher heute der interessantere Eindruck wahrscheinlich auch nicht unbedingt beim Blick von vorne auf den Brunnen, sondern von der steinernen Bank dahinter durch den Brunnen hindurch – und quasi in die Basilika hinein. Zudem soll der Brunnen exakt so ausgerichtet worden sein, dass die Sonne aus dieser Perspektive pünktlich zur Sommersonnenwende am 21. Juni genau unterhalb des Portalbogens unterzugehen scheint. Glücklicherweise lässt sich der Schaezlerbrunnen aber auch ohne all dieses Hintergrundwissen einfach nur als das genießen, was er nämlich in erster Linie ist: ein Ort der Ruhe und Entspannung.

● Schaezlerbrunnen in den Siebentischanlagen
Professor-Steinbacher-Straße, 86161 Augsburg
● ÖPNV: Bus 32, 73, Haltestelle Zoo/Botanischer Garten

Dem Himmel so nah

 Das Tycho Brahe Museum im Römerturm

Als Zentrum der Astronomie ist Augsburg trotz seines wirklich sehenswerten Planetariums eher nicht bekannt. Dabei trägt sogar eines der ersten astronomischen Präzisionsinstrumente der Welt den Namen der Stadt: der Augsburger Quadrant. Dieses für die damalige Zeit ungemein genaue Messgerät diente in erster Linie dazu, Positionen von Himmelskörpern zu bestimmen. Es war der Däne Tycho Brahe, der 1570 zusammen mit dem Augsburger Bürgermeister Paul Hainzel – einem großen Freund der Astronomie – auf dessen Gögginger Grundstück das wohl an die 10 Meter hohe Instrument baute. Während Brahe als einer der ganz großen Wegbereiter der Himmelsforschung in die Geschichte einging, ist der Name Hainzel der breiten Öffentlichkeit heute eher unbekannt. Immerhin zum Namensgeber eines eigenen Mondkraters hat er es aber gebracht.

Im Römerturm am Gögginger Kurhauspark, der das Tycho Brahe Museum beherbergt, ist neben vielen anderen Ausstellungsstücken eine verkleinerte Nachbildung des Augsburger Quadranten zu sehen – das Original wurde bereits im Jahr 1574 bei einem Sturm zerstört. Dabei sind nicht nur die Exponate im Inneren sehenswert, der auf einer bewaldeten Anhöhe stehende Turm selbst ist es ebenso. Er wirkt mit seinem runden Arkadengang im ersten Stock fast wie ein etwas zu groß geratener Gartenpavillon.

Seine heutige Form erhielt er wohl im späten 19. Jahrhundert, hingegen scheint das Fundament um einiges früher entstanden zu sein – der Name lässt vielleicht sogar die Römerzeit vermuten. Wahrscheinlicher ist allerdings, dass der Turm diese Bezeichnung erhielt, weil er in der Nähe der alten Römerstraße, die Richtung Kempten führte, liegt. Doch egal, ob man den Römerturm mehr aus astronomischem, architektonischem oder historischem Interesse besucht – einen bleibenden Eindruck wird er in jedem Fall hinterlassen.

● Tycho Brahe Museum im Römerturm, Klausenberg 6, 86199 Augsburg
Tel. (08 21) 9 06 22 15, www.tycho-brahe-museum.de
● ÖPNV: Bus 38, 72, 76, Tram 1, Haltestelle Göggingen Rathaus

Vielsaitig

Der Gitarrenladen

Er weiß fast alles über Gitarren. Denn Robert Dünne verkauft sie. Und er repariert sie. Und der studierte Musikpädagoge bringt im Verbund mit anderen Lehrkräften auch anderen Menschen das Spielen bei. Für langjährige Gitarristen ist das Fachgeschäft in der Augsburger Wintergasse wohl so etwas wie ein kleines Paradies auf Erden, für alle eifrigen Anfänger zumindest so etwas wie die Vorstufe dazu. Denn hier dürfte wohl jeder Gitarrenfreund – oder eben jene, die es noch werden wollen – das richtige Instrument finden, was nicht zuletzt auch an der fachkundigen und wohltuend unprätentiösen Beratung des Ladeninhabers liegen dürfte. Angesichts des bunten Reigens an verschiedensten Gitarrenmodellen, die akkurat aufgereiht an den Wänden des kleinen Musikgeschäftes hängen, ist eine professionelle Hilfestellung aber auch wirklich erforderlich.

Natürlich bietet der Augsburger Gitarrenladen auch alles Weitere, was noch so zum Gitarrenspielen benötigt wird – von den entsprechenden Fußbänkchen für die Konzertgitarre über Gitarrengurte, Saiten, Kapodaster und Stimmgeräte bis hin zu Lehrmaterialien und speziellen Notenbüchern für alle nur erdenklichen Stilrichtungen. Damit die Freude an der Musik – und speziell natürlich an der Gitarre – möglichst lange erhalten bleibt und immer wieder neue Klangwelten erforscht werden können.

Und falls es doch mal eine Nummer kleiner sein soll: Auch Ukulelen in allen möglichen Farben (und Preisklassen) reihen sich auf den Simsen vor den hohen Schaufenstern. Denn gerade in den vergangenen Jahren hat die Nachfrage nach den kleinen hawaiianischen Viersaitern enorm zugenommen. Doch ob groß oder klein, ob nun sechs Saiten oder vier: Wem der Sinn nach einem Stück Musik von Hand gemacht steht – um ganz unbescheiden eine kleine Anleihe beim großen Reinhard Mey zu nehmen –, der wird hier im Augsburger Gitarrenladen zumindest die richtigen Mittel dazu finden. Nur üben, das muss man dann noch selbst.

● Der Gitarrenladen, Wintergasse 11, 86150 Augsburg
● ÖPNV: Tram 1, 2, Haltestelle Moritzplatz

Schmetterlingseffekt

 Die Kissinger Heide

Es fällt nicht ganz leicht, sich unter dem arg nüchtern klingenden Begriff „Halbtrockenrasenfläche" etwas Konkretes vorzustellen. Und genau aus diesem Grund sollten echte Naturfreunde am besten einmal selbst nachsehen, was es damit so auf sich hat: zum Beispiel in der Kissinger Heide. Denn dass eine solche Halbtrockenrasenfläche in Wahrheit ein kleines Paradies für seltene Pflanzen und Tiere darstellen kann, erstaunt dann doch ein wenig. So blühen auf den weiten Heidegründen im Südosten Augsburgs etwa Gewächse mit geradezu poetisch anmutenden Namen wie Knollen-Kratzdistel, Rosmarin-Seidelbast oder Zypressen-Wolfsmilch. Aber auch für ihre vielen Enzian- und Orchideenarten ist die Kissinger Heide nicht nur bei Hobbybotanikern bestens bekannt.

Natürlich ist diese ganz eigene Landschaft auch ein wahres Zauberland für allerlei Tierarten. Vor allem Schmetterlinge lassen sich auf den Heideflächen in einer Vielzahl beobachten, wie es wohl nur noch ganz selten in der näheren und auch ferneren Umgebung möglich ist. Ob Admiral oder Aurorafalter, ob Schwalbenschwanz oder diverse Bläulingsarten – reichlich flatterhaft geht es zu in der Kissinger Heide. Viele weitere Insekten haben sich diesen wunderbaren Ort aber ebenso zu ihrer Heimat gemacht, darunter auch einige sehr seltene Heuschrecken. An Reptilien findet sich etwa die scheue Schlingnatter, eine harmlose, kleine Schlangenart. Und nicht zuletzt nutzen auch etliche Vögel den Schutz der hohen Gräser und die diversen uneinsehbaren Verstecke in Sträuchern und Baumkronen, um ihre Nester zu bauen. Ab und an sieht man aber auch einmal einen Hasen über die Heide oder die angrenzenden Felder hoppeln.

Zweibeiner hingegen sollten immer auf den befestigten Wegen bleiben, um die Pflanzen- und Tierwelt drumherum nicht allzu sehr zu beeinträchtigen. Viele von ihnen verbinden dabei den Spaziergang durch die Kissinger Heide dann anschließend noch mit einem Besuch der nahe gelegenen Vollnasswasserfläche – und schwimmen eine Runde im benachbarten Weitmannsee.

- Kissinger Heide, Lechauenstraße (Parkplatz Weitmannsee), 86438 Kissing
- ÖPNV: Bus 102, Haltestelle Kalkofenstraße, Kissing

Vaterfreuden

Das Leopold-Mozart-Haus

Irgendwoher musste er das Talent ja haben: Das Mozarthaus im Norden der Altstadt widmet sich nicht dem musikalischen Jahrtausendgenie Wolfgang Amadeus Mozart, sondern vielmehr seinem aus Augsburg stammenden Vater. Daher heißt es auch ganz offiziell Leopold-Mozart-Haus. In diesem kam Johann Georg Leopold Mozart 1719 als Sohn des Buchbinders Johann Georg Mozart und dessen zweiter Frau Anna Maria (geb. Sulzer) zur Welt. Recht ungewöhnlich war, dass er als Handwerkersohn dann das hiesige Sankt-Salvator-Kolleg besuchte, wo er eine umfangreiche schulische Ausbildung erhielt. Zum Studium der Philosophie, später auch der Rechtswissenschaft ging er nach Salzburg. Auch wenn Leopold Mozart ein vielseitig interessierter Mensch war, überwog schließlich aber doch seine Leidenschaft für die Musik: So wurde er Hofmusiker des Salzburger Domherrn und später dessen Hof- und Kammerkomponist.

Ob aus seinem Sohn Wolfgang Amadeus auch ohne die musikalische Erziehung des Vaters dieser Ausnahmekünstler geworden wäre, als der er bis heute die Musikwelt fasziniert, ist natürlich Spekulation. Leopolds Lehrbuch „Versuch einer gründlichen Violinschule" – wie es in der Erstauflage noch bescheiden hieß – zumindest wurde ein Standardwerk, was dann doch auf eine gewisse musikpädagogische Begabung seines Verfassers schließen lässt.

Das Mozarthaus in der Frauentorstraße spürt nicht nur dem Musiker und Menschen Leopold Mozart nach, sondern lässt den Besucher auch ganz bewusst die generelle Magie der Musik erleben. So kann dieser etwa in einem der elf Themenräume Musik auch mit ganz anderen Sinnen erfahren als nur mit dem Gehör. Und natürlich muss man nach einem Besuch im Mozarthaus auch nicht gleich versuchen, die Werke der beiden Mozarts in ihrer Gänze zu durchdringen. Vielleicht reicht es aber ja schon aus, mal wieder ganz bewusst einem bestimmten Musikstück zuzuhören, völlig einzutauchen in die Klangwelten, die der Komponist für seine Hörer schuf. Das wäre sicher auch im Sinne Leopolds.

● Leopold-Mozart-Haus, Frauentorstraße 30, 86152 Augsburg
Tel. (08 21) 65 07 13 80, www.mozartstadt.de
● ÖPNV: Tram 2, Haltestelle Mozarthaus/Kolping

Schritt für Schritt

53 Die Wandelhalle

Sie ist eine feste Größe in Augsburg – in erster Linie für die Gesundheitsversorgung der Stadt, aber eben nicht nur: die Hessing Stiftung im Stadtteil Göggingen. 1886 gründete Friedrich Hessing – der übrigens kein Mediziner, sondern Schreiner und Orgelbauer war – seine Orthopädische Heilanstalt und etablierte sich sehr bald in dieser Disziplin. In weniger als 20 Jahren behandelten seine orthopädischen Werkstätten und die Klinik im weiteren Verlauf dann bereits 60.000 Patienten, darunter auch zahlreiche Angehörige des europäischen Hochadels. Hessing selbst wurde 1907 zum Hofrat ernannt und 1913 als Ritter ebenfalls in den Adelsstand erhoben. Bahnbrechend waren seine orthopädischen Erfindungen wie der sogenannte Schienenhülsenapparat oder sein Hessing-Korsett.

Doch auch für die Zerstreuung seiner Patienten und die Ablenkung von ihren Leiden sorgte der medizinische Autodidakt, etwa mit der Errichtung des Parktheaters im Kurhaus. Auf dem Stiftungsgelände selbst lässt sich auch heute noch trefflich durch die Gartenanlagen flanieren. Die eleganteste Art ist dabei wohl, durch die berühmte Wandelhalle zu spazieren – ein lang gestreckter, gelb getünchter Arkadengang. Und fast fühlt man sich beim Entlangschreiten der gut 80 Meter langen Halle selbst wie ein kleiner Edelmann auf Kur. In früherer Zeit gab es sogar einmal drei solcher Gänge, doch scheint in der Tat der wichtigste von ihnen erhalten geblieben zu sein: führt die Wandelhalle von der Grünanlage kommend doch schnurstracks ins beliebte Park Café. Feinste Torten, eine gute Tasse Kaffee oder im Sommer leckere Eissorten lassen einen dort so richtig ins Genießen kommen.

Gegenüber der Wandelhalle erhebt sich auf der anderen Seite des Klinikgartens noch die beeindruckende Hessingburg. Mit ihren zinnenbewehrten Türmen und ihrer ausladenden Gestalt sieht das herrschaftliche Gebäude in der Tat eher wie eine kleine Festung aus – es diente allerdings damals ganz zivil als Gästehaus der Heilanstalt.

- Wandelhalle im Park der Hessing Kliniken, Hessingstraße 17, 86199 Augsburg
- ÖPNV: Tram 1, Haltestelle Hessing Kliniken

Aus dem Vollen schöpfen

 Die Papiermanufaktur Wengenmayr

Natürlich ist sie aus der Zeit gefallen. Aber gerade das macht sie aus, die hohe Kunst des Papierschöpfens. Ein altes Handwerk, das der Augsburger Klaus Wengenmayr perfekt beherrscht. Und seine Leidenschaft dafür steckt wirklich jeden Besucher der Papiermanufaktur im Lechviertel an, wenn er davon erzählt. Denn in den anderthalbstündigen Führungen erklärt der gelernte Papiertechniker nicht nur die Technik des Papierschöpfens, sondern lässt seine Gäste dann aus Zelluloseflocken auch ihre eigenen Bögen herstellen – ganz stilecht mit Wasserzeichen, versteht sich. Diese Kostbarkeiten dann selbst in Händen zu halten, ist ein ungemein beglückendes, fast schon erhabenes Gefühl. Zu welchem Anlass man dieses edle Briefpapier später verwendet, bleibt dann natürlich jedem selbst überlassen – ein ganz besonderer sollte es aber schon sein. Denn das Schreiben mit einem schönen Stift auf echtem Papier kann eben so viel mehr sein als reine Informationsvermittlung – auch natürlich ein Akt der Muße, den es vielleicht wieder einmal zu erleben lohnt.

Dass auch eine alte Kulturtechnik wie das Papierschöpfen durchaus ab und zu einmal eingefahrene Wege verlässt, beweist darüber hinaus auch eine etwas ausgefallene Spezialität der Augsburger Manufaktur: das selbst hergestellte Papier aus Elefantendung – natürlich vorher aufwendig gereinigt und absolut geruchsneutral. Nachschub an Rohmaterial liefert übrigens regelmäßig der Augsburger Zoo: auch eine Form der Nachhaltigkeit.

An die Manufaktur angeschlossen ist noch das urgemütliche Brechts Bistro, ein beliebter Treffpunkt im Lechviertel. Und auch die Namensgebung mag kaum überraschen, liegt das berühmte Brechthaus doch genau gegenüber dem kleinen Lokal. Aber auch noch aus einem anderen Grund schließt sich hier der Kreis: Denn Bertolt Brechts Vater war dereinst Kaufmännischer Direktor in der Papierfabrik Haindl, in der später auch Klaus Wengenmayr über 30 Jahre tätig sein sollte. Es scheint, als käme man in Augsburg um Brecht einfach nicht herum.

● Papiermanufaktur Wengenmayr, Auf dem Rain 6
86150 Augsburg, Tel. (01 73) 8 90 97 73
www.papiermanufaktur-wengenmayr.de
● ÖPNV: Bus 35, Tram 1, Haltestelle Barfüßerbrücke/Brechthaus

Große kleine Oper

 Das Multum in Parvo in Mering

Der Markt Mering im Südosten von Augsburg gilt nicht unbedingt als große Opernstadt. Und das will er auch gar nicht sein. Vielmehr ist Mering ganz zufrieden damit, eine kleine Opernstadt zu sein – genauer gesagt die Heimat des Multum in Parvo, des kleinsten Opernhauses Deutschlands. Das Ehepaar Christine Schenk und Benno Mitschka betreibt das bezaubernde Papiertheater in echter Eigenregie – und das ist durchaus wörtlich zu nehmen. Wobei die Journalistin und der Theaterwissenschaftler nicht nur für den reibungslosen Ablauf der aufwendigen Aufführungen verantwortlich sind, sondern sie agieren zugleich als Platzanweiser, Lichttechniker, Kulissenschieber und noch so vieles mehr in ihrem kleinen Opernhaus. Etwa 25 Musikfreunden bietet es Platz. Auf seiner Miniaturbühne gibt das Multum in Parvo die großen Werke der Opernwelt von A wie Aida bis Z wie Zauberflöte.

Die selbst entworfenen und handgefertigten Bühnenbilder orientieren sich dabei an historischen Vorbildern des einstmals sehr populären Papiertheaters, das seine Blüte im 19. Jahrhundert erlebte. Mittels moderner Computertechnik werden hier in Mering zusätzlich spektakuläre visuelle Effekte gesetzt, welche die papiernen Kulissen und Protagonisten umso plastischer erscheinen lassen und das Geschehen auf der kleinen Bühne untermalen. Dabei ist es gerade die Kombination aus alter Handwerkskunst und neuer Studiotechnik, die den Reiz der Inszenierungen ausmacht.

Häufig buchen auch kleinere Gesellschaften das Opernhaus, etwa zu Geburtstagen oder anderen Familienfeiern. Damit beschert das Multum in Parvo zumeist auch den Menschen, die von allein wohl nie ein „richtiges" Opernhaus besucht hätten, völlig unerwartete musikalische Glücksmomente. Und so manch einer wird beim Entdecken ganz neuer klanglicher Welten wohl ein wahrer Fan der großen Oper im kleinen Meringer Theater.

....
● Multum in Parvo, Augsburger Straße 48, 86415 Mering, Tel. (01 76) 50 28 77 13
www.papiertheater.bayern
● ÖPNV: Bus 102, Haltestelle Sankt Franziskus, Mering

Gutes Gelingen

56 Die Lokalhelden

Eigentlich begann alles mit einem Stück Ackerland. Darauf pflanzten Mona Ridder und eine Freundin ihr eigenes Gemüse an und probierten auf Biobasis auch alte und fast schon vergessene Sorten aus. Vom üppigen Ertrag und dem guten Geschmack ihrer eigenen Erzeugnisse selbst ein wenig überrascht, reifte mit der Zeit auch eine Idee heran: Sollte es nicht möglich sein, in Kooperation mit Landwirten aus der Region einen reinen Obst- und Gemüseladen in Augsburg zu eröffnen? Und als schließlich Geschäftsräume im Augsburger Bismarckviertel gefunden waren, gesellte sich dann wie von selbst eine weitere Idee hinzu: Die Räume der ehemaligen Pizzeria waren mit einer kompletten Küche ausgestattet, sodass es einfach schade gewesen wäre, diese nicht zu nutzen.

Daher erweiterten die Lokalhelden ihr ursprüngliches Konzept eines einfachen urbanen Hofladens und fügten noch eine Gastronomie an. Seither werden also auch vegane und vegetarische Gerichte angeboten. Die Angebotspalette reicht dabei etwa von Amaranth-Pancakes oder Schafskäse-Rührei zum Frühstück bis hin zum Gemüse-Kartoffel-Eintopf oder verschiedenen Wraps zum Mittagstisch. An Samstagen wartet auf die Gäste dann noch ein Heldenfrühstück – oder gar ein Superheldenfrühstück.

Dazu sitzt man gemütlich im Restaurant oder bei schönem Wetter auch draußen an der Bismarckstraße. Dort lässt sich dann in aller Ruhe die Sonne und das Essen genießen und den Passanten zusehen. Mittlerweile kümmert sich außer der gelernten Köchin Mona Ridder ein vielköpfiges Team um die Wünsche und das Wohlergehen der Gäste und Kunden. Und seit ihrer Gründung im Jahr 2013 sind die Lokalhelden zu einer festen Institution im Bismarckviertel, ja eigentlich in ganz Augsburg geworden. Dabei fing alles im Grunde an mit dem bescheidenen Wunsch nach etwas selbst angebautem Gemüse. Was aus einer kleinen Idee dann so alles werden kann!

● Lokalhelden, Bismarckstraße 10, 86159 Augsburg, Tel. (08 21) 65 05 89 44
www.lokalhelden-augsburg.de
● ÖPNV: Bus 41, 43, Tram 2, 3, 6, Haltestelle Theodor-Heuss-Platz/IHK, Bus 35, 41, 43, Haltestelle Bismarckbrücke

Schöne Aussichten

Der Monte Müll

Ein Müllberg hört sich zunächst nicht unbedingt nach einem echten Glücksort an. In Augsburg allerdings hat man aus der Not quasi eine Tugend gemacht – und aus einer ehemaligen Mülldeponie ein Naherholungsgebiet. Schließlich sind „Unrat" und „Natur" ja nicht umsonst Anagramme.

Nördlich der A8 entstand auf der Deponie Augsburg-Nord so der 55 Meter hohe, sogar stilecht mit einem Gipfelkreuz ausgestattete „Monte Müll". Auf den breiten, von Holzgeländern gesäumten Wanderwegen von insgesamt knapp 2,5 Kilometern Länge lässt sich der Berg auf verschiedenen Routen ohne große Anstrengung bezwingen und bietet auf seinem Gipfel einen spektakulären Rundblick. So ist beispielsweise nicht nur das angrenzende Gersthofen im Westen zu sehen, sondern natürlich auch die Stadt Augsburg im Süden – und bei Föhnwetterlage sogar die Alpen. Über die zivilisatorischen Hinterlassenschaften von insgesamt 60 Jahren wurde auf dem Augsburger Müllberg eine mehr als 2 Meter dicke Schicht gelegt, die größtenteils aus Lehm, Kies und Erde bestand und anschließend bepflanzt wurde. So entwickelte sich zugleich im Laufe der Zeit auch neuer Lebensraum für allerlei Tierarten, die sich hier – allenfalls von ein paar Spaziergängern auf den ausgewiesenen Wegen gestört – relativ ungehindert entfalten konnten. Heute lassen sich auf der Anhöhe trotz der Nähe zur lauten Autobahn und zu städtischen Wohngebieten tatsächlich wieder Wildtiere wie Rehe oder Füchse beobachten. Und auch viele Zugvögel haben sich den Müllberg allem Anschein nach als Zwischenstation und Rastplatz für ihre Flüge auserkoren.

Verbinden lässt sich eine Wanderung auf dem Monte Müll übrigens auch mit einer kleinen Tour zum nördlich des Berges gelegenen Europasee. Kurz nach diesem Gewässer führt zudem die Lechbrücke hinüber nach Gersthofen, von der aus man auch problemlos nach unten ans flache Kiesufer des Flusses gelangt – ein perfekter Platz für ein Picknick am Wasser.

> **TIPP**
> Jenseits des Lechs in Gersthofen findet sich in einem alten Wasserturm das sehenswerte Ballonmuseum.

● Monte Müll (Deponie Augsburg-Nord), 86169 Augsburg
● ÖPNV: Bus 22, 23, Haltestelle Firnhaberau, etwa 20 Minuten Fußweg

Mal schauen

 Der Moritzplatz

In ihrer Grundstruktur ist die Augsburger Altstadt recht übersichtlich aufgebaut: Von Süd nach Nord verbindet die Maximilianstraße den Ulrichs- mit dem Rathausplatz. Östlich von ihr liegen kleine Gassen und verwinkelte Wege, westlich von ihr führen recht geradlinig größere Straßen hinüber zur Konrad-Adenauer-Allee beziehungsweise zum Königsplatz. Die letzte solche Einbiegung vor dem Rathausplatz bringt uns auf den geschäftigen Moritzplatz. Er ist – wenn auch nicht unbedingt geografisch, so doch zumindest gefühlt – der eigentliche Mittelpunkt der Innenstadt und mit seiner Bushaltestelle und der Tramstation zweifelsfrei ein hochfrequentierter Verkehrsknotenpunkt. Durch seine Lage innerhalb der Augsburger Fußgängerzone geht es zwar manchmal recht quirlig zu, so richtig anstrengend wird es dabei aber eigentlich nie.

Dominiert wird der Moritzplatz von seiner Namensgeberin, der katholischen Moritzkirche, deren Außenmauern noch aus dem 14. Jahrhundert stammen. Von ihrer Fassade werden von den Fußgängern meist nur die Schmalseiten wahrgenommen: Die lange Südseite ist nämlich in die allgemeine Bebauung der Innenstadt eingebettet, und die Nordseite wird im unteren Bereich von der Schranne verdeckt, einer Mischung aus Wartehalle und Ladenzeile. An deren Ende, in Richtung Maximilianstraße, beginnt dann eine Art große Freilichtterrasse mitten in der Innenstadt mit diversen Cafés und Restaurants. Ein Stück Kuchen etwa oder ein, zwei, drei Kugeln des berühmten Eises am Café Goldener Erker – das gehört zum Augsburger Sommer einfach dazu. Und dabei immer mal wieder einen Blick auf das kurios bemalte Weberhaus gegenüber zu werfen.

Ansonsten kann es aber auch völlig reichen, zwischen zwei Schlückchen Kaffee einfach nur den Passanten beim Hin- und Herwuseln zuzuschauen – damit kann man schon mal eine Weile zubringen. Und sich vielleicht auch ein wenig darüber freuen, dass man selbst ja genügend Zeit mitgebracht hat.

● Moritzplatz, 86150 Augsburg
● ÖPNV: Bus 22, 32, Tram 1, 2, Haltestelle Moritzplatz

Tradition in modern

 Die Ninnerl Dirndl- und Trachtenmanufaktur

Ist es wirklich ein Widerspruch, dass in einer zunehmend globalisierten Welt ein klassisches Kleidungsstück wie das Dirndl auf einmal wieder so großen Zuspruch erfährt? Oder ist es vielleicht nicht vielmehr sogar die Konsequenz daraus – eine Rückbesinnung auf das Traditionelle und das Vertraute? Dass ein Dirndl diese Attribute erfüllt und dabei immer mehr ist – oder zumindest sein sollte – als ein beliebiges Modestück, das zweimal im Jahr zum Plärrer getragen wird, davon war Martina Miller so überzeugt, dass sie „Ninnerl Dirndl" gründete.

Das kleine Unternehmen, benannt nach dem früheren Spitznamen ihrer Inhaberin, produziert in echter Handarbeit und mit hochwertigen Stoffen Dirndl für alle Lebenslagen – vom praktischen Kleid für den Alltag bis hin zum aufwendigen Hochzeitsdirndl. Damit der Bräutigam dann zumindest zum Hochzeitskleid passt, bleiben natürlich auch für Männer in Sachen Tracht keine Wünsche offen. Wert gelegt wird dabei in jedem Fall auf eine ausführliche Beratung, um jeder Kundin und jedem Kunden die ganz individuellen Ansprüche zu erfüllen, sodass vom Hut bis zu den Schuhen schließlich ein ganz persönlicher Look entsteht – so traditionell die Kleidung auch ansonsten anmuten soll.

Ansehen und natürlich auch anprobieren kann man die farbenfrohen Kollektionen im schmucken Ladengeschäft am Vorderen Lech mitten in der Augsburger Altstadt. Selbstverständlich besteht hier auch immer die Möglichkeit, sich ein Dirndl oder eine Herrenweste individuell maßanfertigen zu lassen.

Das leicht verspielte Ambiente des lang gezogenen Verkaufsraums passt dabei sehr gut zum Thema Tracht und die traditionelle Handwerkskunst ganz hervorragend zur historischen Kulisse der Umgebung mit ihren verwinkelten, schmalen Wegen und Gassen sowie ihren vielen kleinen Geschäften.

● Ninnerl Dirndl, Vorderer Lech 27, 86150 Augsburg, Tel. (08 21) 20 81 57 38
www.ninnerl.de
● ÖPNV: Tram 1, 2, Haltestelle Moritzplatz

Metamorphosen

 Die Stadtmetzg

Für so manchen Augsburger ist es wohl der Inbegriff des Sommers: ein Eis auf den Stufen der Stadtmetzg essen. Oder am Brunnen davor. Oder auf dem Platz dahinter. Hauptsache Sommer und an der Metzg. Denn der historische Satteldachbau mit seiner eleganten Fassade ist für die Einheimischen ein ganz besonderes Aushängeschild ihrer Altstadt – vielleicht auch gerade deshalb, weil er für Touristen keine der ganz großen Augsburger Sehenswürdigkeiten darstellt.

Denn abgesehen von ihrem ansprechenden Äußeren und der schönen Lage ist die Stadtmetzg heute im Grunde nur ein gewöhnlicher Verwaltungsbau, der das hiesige Amt für Soziale Leistungen beherbergt. Dass das Gebäude jahrhundertelang eine ganz andere Aufgabe erfüllte, darauf weist natürlich schon sein Name hin: Hier war nämlich die Metzgerei der Stadt Augsburg untergebracht. Und dies nicht ohne Grund – denn der Baumeister der Stadtmetzg, der für Augsburg so prägende Architekt Elias Holl, nutzte einen Arm des Vorderen Lechs und platzierte zu Beginn des 17. Jahrhunderts das vierstöckige Gebäude direkt darüber. So verschaffte der Wasserlauf dem Gebäude Kühlung von unten und spülte – dieses war der weniger appetitliche Aspekt – auch die Fleischabfälle mit seiner Strömung aus der Innenstadt.

Auf seine einstige Bestimmung verweisen heutzutage eigentlich nur noch die stilisierten Rinderschädel in den Türportalen, ansonsten erinnert das im Stil der Spätrenaissance errichtete Bauwerk eher an ein großzügiges Patrizierhaus. Und bildet mit dem Georgsbrunnen, dem Kulturhaus Kresslesmühle gegenüber und der angrenzenden Barfüßerstraße mit ihren vielen kleinen Geschäften fast schon wieder ein eigenes kleines Zentrum in der Innenstadt. Zwar keines, das dem nur gute 100 Meter Luftlinie entfernten ausladenden Rathausplatz ernsthaft Konkurrenz machen könnte – dafür lässt sich das Eis hier an der Stadtmetzg aber deutlich ruhiger genießen.

- Stadtmetzg, Metzplatz 1, 86150 Augsburg
- ÖPNV: Tram 1, 2, Haltestelle Rathausplatz, Bus 35, Tram 1, Haltestelle Barfüßerbrücke/Brechthaus

Ganz großes Kino

Das Liliom

Sogar wenn man ins Kino will, kommt man in Augsburg am Wasser nicht vorbei. Denn das Filmtheater Liliom am Unteren Graben war einst ein Brunnenpumpenwerk und ist heute somit auch Teil des Weltkulturerbes. Ende der 1980er-Jahre wurde es umgebaut und danach fast 30 Jahre lang von dem Augsburger Filmenthusiasten Tom Dittrich als Programmkino betrieben. Im Jahr 2019 übernahmen dann Daniela Bergauer und Michael Hehl die Leitung des Liliom mit Bar, Restaurant und kleinem Biergarten, ein Jahr später erfolgte eine aufwendige Renovierung.

Geblieben ist aber das Gefühl, in den klassischen roten Klappsesseln echte Kinoatmosphäre zu erleben, jeden Besuch als etwas Besonderes zu zelebrieren, voll und ganz einzutauchen in die Geschichten, die einem auf der Leinwand erzählt werden. Und sich als einzige Ablenkung vielleicht den Griff zum Popcorn zu erlauben, das die extra aus England importierte Maschine für die Besucher gezaubert hat. Vor oder nach dem Film – für manchen Gast auch gänzlich ohne Kinobesuch – lässt es sich im Liliom zudem gemütlich einkehren. Spezialität des Hauses ist übrigens die Dinnede, ein klassischer schwäbischer Flammkuchen, der in allen möglichen Varianten angeboten wird. In den zwei Sälen des Liliom laufen in erster Linie Filme fernab der großen Blockbuster, werden besondere Angebote für ein junges Publikum gemacht oder das Programm auch schon mal unter ein bestimmtes Motto gestellt.

Kein Wunder also, dass das Gästebuch des Liliom auch eine Reihe an prominenten Filmschaffenden verzeichnet. So gaben sich schon Schauspieler wie Armin Müller-Stahl, Hanna Schygulla oder Julia Jentsch die Ehre, ebenso Regisseure wie Joseph Vilsmaier, Dominik Graf oder Michael Verhoeven. Fehlt zum Schluss eigentlich nur noch die Frage nach dem ungewöhnlichen Namen des Augsburger Kinos: Liliom ist die Hauptfigur des gleichnamigen, auf vielen Bühnen aufgeführten Theaterstücks von Ferenc Molnár aus dem Jahr 1909, das unter anderem von Fritz Lang 1934 kongenial verfilmt wurde.

- Liliom, Unterer Graben 1, 86152 Augsburg, Tel. (08 21) 29 71 48 89
  www.liliom.de
- ÖPNV: Bus 23, 35, 44, Tram 1, Haltestelle Pilgerhausstraße

Das Aroma Asiens

Das Augsburger Teehaus

Ab wann ein Geschäft eine echte Institution ist, dafür gibt es keine festen Regeln. Wenn aber ein Laden – wie das Augsburger Teehaus – bereits seit dem Jahr 1979 existiert, stellt sich diese Frage eigentlich aber auch nicht mehr. Denn natürlich gehört das kleine Geschäft von Susanne Nerdinger damit längst zu den Traditionsbetrieben in der Fuggerstadt.

Dass in dieser langen Zeit dabei auch das Teetrinken selbst immer wieder neuen Trends unterworfen war, versteht sich von selbst. Waren es beispielsweise in den 1970er-Jahren vor allem noch aromatisierte Schwarztees, die den Geschmack der meisten Kunden trafen, differenzierte sich die Nachfrage in den letzten Jahren mehr und mehr aus. Derzeit sehr beliebt und eine echte Spezialität des Hauses sind grüne Biotees aus Japan. Und da generell die meisten Sorten aus asiatischen Ländern kommen, erinnern im Augsburger Teehaus natürlich auch viele Einrichtungsgegenstände wie thailändische Fächer oder chinesische Lampions an deren Herkunft. Hinter der Ladentheke reihen sich dann klassisch verzierte Teedosen eng aneinander. Rund 250 Sorten Tee – die meisten davon natürlich auch biologisch angebaut – führt Susanne Nerdinger, daneben aber ebenso andere Köstlichkeiten wie edle Schokoladen oder das auch sehr beliebte Chai-Pulver, das in heißer Milch aufgelöst wird. Und um die Zubereitung des Tees daheim angemessen zelebrieren zu können, werden auch originale Teeservice oder etwa japanische Eisenkannen angeboten.

Natürlich hat das Augsburger Teehaus viele Stammkunden, von denen einige sogar schon als Schüler gleich nach der Geschäftseröffnung zum ersten Mal kamen. Aber auch Menschen, welche die wunderbare Welt des Tees neu entdecken wollen und noch einer ausführlicheren Beratung bedürfen, sind jederzeit willkommen. Denn mit einer so langen Erfahrung dürfte im Augsburger Teehaus für jeden Kunden schließlich die passende Sorte zu finden sein – vielleicht ist es ja dann auch das, was eine echte Institution vor allem ausmacht.

- Augsburger Teehaus, Heilig-Kreuz-Straße 21, 86152 Augsburg, Tel. (08 21) 51 11 55
- ÖPNV: Tram 4, Haltestelle Klinkertor

Alte Pläne, frisches Grün

 Die Siebentischanlagen

Die Gestaltung des bis in die heutige Zeit äußerst beliebten und belebten Landschaftsparks wurde bereits 1874 auf Vorschlag des sehr rührigen Augsburger Stadtbaurats Ludwig Leybold begonnen. Hintergrund war, dass die Stadt Augsburg einen Ausgleich für jene Grünflächen schaffen wollte, die im Laufe der Industrialisierung neuen Fabrikgebäuden hatten weichen müssen. Die Pläne für die Anlagen stammten ursprünglich von Carl von Effner – seines Zeichens auch Schöpfer solch bezaubernder Parks wie dem von Schloss Herrenchiemsee oder jenem von Schloss Linderhof. Umgesetzt wurden dessen Ideen für die Augsburger Grünanlage aber erst später von ebenjenem Stadtbaurat Leybold.

Ihren bildhaften Namen verdanken die Siebentischanlagen ebenso einer früheren Wirtschaft wie der sich anschließende Siebentischwald, wobei dieser Begriff im allgemeinen Sprachgebrauch häufig auch synonym für die Siebentischanlagen selbst verwendet wird. Denn angeblich besaß die Schanklizenz dieses einstigen Ausflugslokals im 17. Jahrhundert nur Gültigkeit für maximal sieben Tische. Im Jahr 1944 wurde das so traditionsreiche Gasthaus dann während eines schweren Bombenangriffs auf Augsburg wahrscheinlich eher versehentlich getroffen und so stark beschädigt, dass es nach dem Krieg abgerissen werden musste.

Konkurrenz hatte die Siebentischwirtschaft allerdings schon vorher bekommen: 1914 wurde nämlich das Parkhäusl gebaut, ein heute noch existierendes und gern besuchtes Ausflugslokal zwischen der Schrebergartenkolonie im Westen und dem Zoologischen Garten im Osten. Hier befindet sich auch eine Minigolfanlage mit der kuriosen Variante Pit-Pat, einer Kombination aus Minigolf und Billard. Sehr beliebt ist auch das Spiel Trick-Pin, eine ebenso ungewöhnliche Mischung aus Minigolf und Kegeln. Einen halben Kilometer weiter südlich findet sich dann noch als weitere Attraktion der bekannte Schaezlerbrunnen mit seiner „grünen Basilika", der das südliche Ende der Siebentischanlagen markiert.

- Siebentischanlagen, Professor-Steinbacher-Straße, 86161 Augsburg
- ÖPNV: Bus 32, 72, Haltestelle Zoo/Botanischer Garten

Mode und mehr

Das Textil- und Industriemuseum

Die Stadt Augsburg wurde über Jahrhunderte von der Textilindustrie geprägt – so sehr, dass sogar ein ganzer Stadtteil nach dieser benannt wurde: das Textilviertel. Gebäude mit wohlklingend-markigen Namen wie Fabrikschloss oder Glaspalast künden heute noch von dieser großen Vergangenheit. Dominiert wurde und wird das Textilviertel zwischen südlicher Altstadt und Lech aber vor allem vom Gebäudekomplex der ehemaligen Augsburger Kammgarnspinnerei. Im Kopfbau und in den sich anschließenden Shedhallen dieses Fabrikensembles befindet sich heute das Staatliche Textil- und Industriemuseum oder kurz: TIM – ein Ausstellungsort der ganz besonderen Art.

Denn obwohl natürlich ein Schwerpunkt auf der Geschichte der Textilindustrie im Allgemeinen und in Augsburg im Besonderen liegt, beleuchtet das Museum die „4 Ms" – neben Menschen, die den Standort geprägt haben, und größtenteils noch funktionierenden Maschinen nämlich auch Muster und Mode. Ein wohl einzigartiges Stück Mode- und Designgeschichte ist mit den Musterbüchern der früheren Neuen Augsburger Kattunfabrik erhalten geblieben. Und es ist ein spannender Gedanke, sich vorzustellen, wie aus den teilweise über 200 Jahre alten Entwürfen schließlich ganze Modelinien made in Augsburg wurden. Einen ersten Eindruck davon vermitteln in einem langen, hohen Gang des Museums die 4 Meter großen sogenannten Grazien, auf die wechselnde Muster aus unterschiedlichen Modeepochen projiziert werden – ein sehr außergewöhnliches Schauspiel.

Das TIM versteht sich aber auch als Mitmachmuseum, selbstverständlich nicht nur an den vielen interaktiven Stationen für Kinder, an denen gewebt, gesponnen oder gedruckt werden kann. Denn von Siebdruckworkshops über Mützen-Häkelkurse bis hin zu Nähwerkstätten bietet das Museum auch für Erwachsene alles an, was Spaß macht und die eigene Kreativität in Sachen Mode weckt. Und schließlich kann man nie wissen, wie weit die Ambitionen der Teilnehmer eines Tages noch gedeihen: Einen eigenen Laufsteg für die Mode hat das TIM nämlich auch!

● Staatliches Textil- und Industriemuseum, Provinostraße 46
86153 Augsburg, Tel. (08 21) 8 10 01 50
www.timbayern.de
● ÖPNV: Bus 36, Tram 6, Haltestelle Textilmuseum

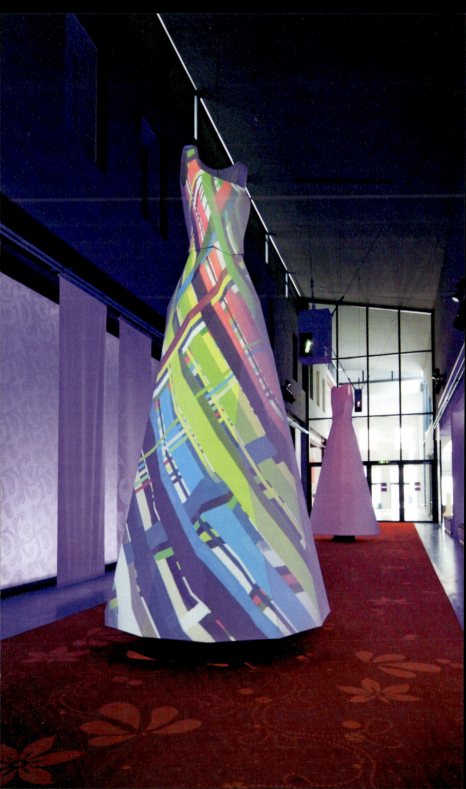

Glück auf vier Pfoten

 Der Hundeladen Dogandliving

Am Anfang war der Napf. Das heißt, ganz am Anfang war eigentlich Juno, der Australian Shepherd von Jasmina und Thomas Halder. Und wie es eben so ist bei frischgebackenen Hundebesitzern, machten sich die beiden von Beginn an Gedanken, was das neue Familienmitglied denn alles für seine Grundausstattung benötigt – bis diese Überlegungen schließlich in einer eigenen Geschäftsidee mündeten: die Produktion hochwertiger Fress- und Trinknäpfe aus Beton. Dahinter steckte der grundsätzliche Gedanke, echte Qualitätsprodukte für Hunde herzustellen und sich so von den Angeboten der üblichen Tiermärkte abzuheben. Bald wurde die Angebotspalette erweitert und ein Onlineshop gegründet. Daraus entwickelte sich dann – nach einem Zwischenstopp am Schmiedberg – das Ladengeschäft in der Augsburger Steingasse.

Dass dieses sich von den üblichen Fachgeschäften der großen Zoohandelsketten unterscheidet, bemerkt der Besucher schon auf den ersten Blick. So schreitet der neugierige Hundebesitzer, häufig natürlich in Begleitung seines Vierbeiners, zunächst erst einmal ein paar Stufen hinauf, um dann in fast schon edlem Ambiente – und mit einer gekonnt gesetzten Ausleuchtung der einzelnen Artikel – nach einem Halsband, einem Hundekissen oder sonstigem Zubehör zu suchen, dessen ein glücklicher Hund eben so bedarf. Aber auch hochwertiges Futter und kleine Hundesnacks sind hier im Laden zu haben.

Manch begleitender Nicht-Hundebesitzer mag sich dabei vielleicht über die angeregte Kommunikation zwischen dem Personal und den Kunden wundern, die tatsächlich immer mehr ist als ein schnödes Verkaufsgespräch – nämlich eher ein Erfahrungsaustausch unter Gleichgesinnten. Doch wahrscheinlich muss man selbst eine gewisse Leidenschaft für Hunde teilen, um all den Enthusiasmus zu verstehen, den Jasmina und Thomas Halder für ihren so ganz speziellen Laden aufbringen – und natürlich für Juno.

....

● Dogandliving, Steingasse 13, 86150 Augsburg, Tel. (08 21) 65 07 13 73
www.dogandliving.de
● ÖPNV: Tram 1, 2, Haltestelle Rathausplatz

So, Feierabend, Emma!

 Der Spielplatz Lummerland

Luftlinie sind es wohl keine 150 Meter, die den Spielplatz Lummerland am Roten Tor von der Augsburger Puppenkiste in der Spitalgasse trennen. Und das ist natürlich kein Zufall! Denn der 2014 eröffnete Spielplatz stellt eben genau das kleine Lummerland nach, jene berühmte Insel mit zwei Bergen, die Schauplatz des Puppenkisten-Stücks „Jim Knopf und Lukas der Lokomotivführer" ist.

Neben den beiden Hauptdarstellern Jim und Lukas begegnen die Kinder hier auch noch weiteren Figuren aus der beliebten Erzählung. So wirft etwa König Alfons der Viertel-vor-Zwölfte einen verstohlenen Blick über die Zinnen seines Schlosses, Frau Waas gewährt Einlass in ihren kleinen Krämerladen und Emma, die gutmütige Lokomotive, verrichtet auf dem Gelände an den südlichen Wallanlagen der Augsburger Altstadt zuverlässig und pünktlich ihren Dienst. Und auch sonst ist fast alles auf dem Spielplatz zu finden, was das berühmte Lummerlandlied so verspricht: „Eine Insel mit zwei Bergen und dem tiefen weiten Meer, mit viel Tunnels und Geleisen und dem Eisenbahnverkehr. Nun, wie mag die Insel heißen, ringsherum ist schöner Strand, jeder sollte einmal reisen in das schöne Lummerland." Lediglich das tiefe weite Meer muss man sich hier am Stadtgraben noch dazudenken – das Piratenschiff der Wilden 13 ist für alle Fälle aber schon einmal vor Anker gegangen.

„Jim Knopf und Lukas der Lokomotivführer", ursprünglich ein Kinderbuch von Michael Ende, verdankt seine Popularität in erster Linie den beiden Verfilmungen für das Fernsehen, aufgeführt wurde das Stück vor Ort in der Augsburger Puppenkiste nämlich nie. Im Theatermuseum „Die Kiste" lassen sich dann aber selbstverständlich auch all die Protagonisten aus Lummerland bewundern – wie jede Menge weiterer Marionetten aus dem großen Fundus der kleinen Bühne. Allzu weit ist es ja nun wirklich nicht.

● Spielplatz Lummerland, Wallanlagen am Roten Tor, 86161 Augsburg
● ÖPNV: Bus 32, 35, Tram 6, Haltestelle Hochschule

Ein Sohn seiner Stadt

 Das Brechthaus

Er ist ein bedeutender Sohn seiner Geburtsstadt, vielleicht sogar der bedeutendste. Auch wenn seine Stadt eine Weile brauchte, um ihren großen Sohn so richtig schätzen zu lernen. Der Dramatiker, Librettist und Lyriker Bertolt Brecht wurde am 10. Februar 1898 im Haus Auf dem Rain 7 geboren. Kindheit und Jugend verbrachte er in der Bleichgasse am Oblatterwall. Sein Geburtshaus im Augsburger Lechviertel beherbergt heute das Brechthaus, eine Institution, die sich mit dem Leben und Werk des Künstlers befasst.

Um die 2300 Gedichte verfasste Bertolt Brecht – die ersten veröffentlichte er in der hiesigen Schülerzeitung „Die Ernte". Zudem schrieb er etwa 200 Erzählungen und fast 50 Theaterstücke. Die Werke von „B. B.", wie sich der als Eugen Berthold Friedrich Brecht geborene Schriftsteller gerne nannte, wurden und werden auf den Bühnen in der ganzen Welt aufgeführt. Das Brechthaus zeigt Originalmanuskripte, Erstausgaben, Plakate und vieles mehr aus dem literarischen Leben des Künstlers. Und vielleicht entdeckt der eine oder andere Besucher dabei auch eine Seite Bertolt Brechts, die ihm bisher verborgen geblieben war: weniger den kraftvollen Dramatiker oder den kühlen Analytiker seiner Zeit, als den man Brecht gemeinhin zu kennen glaubte, sondern mehr den zarten Poeten, der sich in seiner Liebeslyrik auch durchaus sehr verletzlich zeigen konnte. Und die Geschenke des Lebens und der Liebe reichlich annahm.

Bertolt Brecht war ein äußerst vielseitiger Künstler. Wer durch die fünf Räume des Brechthauses wandelt, dem wird aber nicht nur sein literarisches Schaffen in all seinen Facetten nähergebracht, sondern man wird auch einen Eindruck vom ganz normalen Leben der Familie Brecht zu jener Zeit in der Stadt Augsburg gewinnen. Als noch nicht unbedingt ersichtlich war, dass hier Auf dem Rain 7 einer ihrer bedeutendsten Söhne geboren worden war.

> **TIPP**
> Rund um den 10. Februar findet jährlich an Spielorten in ganz Augsburg das Brechtfestival statt.

● Brechthaus, Auf dem Rain 7, 86152 Augsburg, Tel. (08 21) 4 54 08 15
www.brechthaus-augsburg.de
● ÖPNV: Bus 35, Tram 1, Haltestelle Barfüßerbrücke/Brechthaus

BRECHTHAUS

Eingang rechte Türe →

Fifty Shades of Green

 Die Westlichen Wälder

Nun ist Augsburg mit seinen mehr als 2000 Hektar Wald selbst schon eine der grünsten Städte Deutschlands. Ungefähr noch 60-mal so groß indes ist die Fläche, die der Naturpark im Westen der Fuggerstadt aufweist. Das naheliegenderweise Westliche Wälder genannte Gebiet wird etwa zur Hälfte von Forstfläche bedeckt, der Rest besteht aus einer sanften Hügellandschaft – und präsentiert seinen Besuchern dabei ein entspannendes Sammelsurium aus allen nur denkbaren Grüntönen. Begrenzt wird der Naturpark von den wichtigsten Flüssen der Region: nämlich von der Donau im Norden, der Mindel im Westen sowie der Schmutter und der Wertach im Osten. Landschaftlich einteilen lassen sich die Westlichen Wälder dabei zudem grob in den Holzwinkel im Norden, die Reischenau in der Mitte und die Stauden im Süden.

Neben dem Radfahren und dem auch in den Westlichen Wäldern sehr beliebten Nordic Walking ist der Naturpark ebenso eine äußerst reizvolle Umgebung für klassische Wanderungen: Nicht umsonst verläuft beispielsweise der bayerisch-schwäbische Abschnitt des Jakobsweges von Oettingen kommend gleich in zwei Varianten ab Augsburg in Richtung Lindau am Bodensee.

Der wohl schönste Zugang von Augsburg aus in die Westlichen Wälder führt vom südwestlichen Göggingen aus über die Wertachbrücke die Wellenburger Allee entlang (offiziell: Wellenburger Straße). Über 2 Kilometer erstreckt sich die von Lindenbäumen gesäumte und reichlich holprige Straße, die auch von einem Fuß- und Fahrradweg begleitet wird, bis zum Fuggerschloss Wellenburg. Das herrschaftliche Gebäude ist der Öffentlichkeit leider nicht zugänglich. Dafür bieten die beliebte Schlossgaststätte mit ihrem idyllischen Biergarten aber jede Menge kulinarische Genüsse und die gegenüberliegende Minigolfanlage ein wenig Aufwärmtraining, bevor man bei einer Wanderung dann endgültig in die grünen Tiefen der Westlichen Wälder eintaucht.

- Naturpark Westliche Wälder, Zugang über Wellenburger Straße, 86199 Augsburg
- ÖPNV: Bus 72, Haltestelle Wellenburg

Willkommen im Wohnzimmer

 Das Café Kätchens

Die Oma war's also. Lisa McQueens Großmutter Katharina wurde „Kätchen" gerufen und stand somit auch Pate für den Namen des kleinen Cafés ihrer Enkelin. Und tatsächlich: Wohl nur selten passen Name und Ambiente eines gastronomischen Betriebs so gut zusammen wie eben beim Kätchens in der Peutingerstraße. Das liegt zum einen sicherlich an der Einrichtung, die eine urgemütliche, ab und an auch leicht verspielte Wohnzimmeratmosphäre vermittelt. Und zum anderen klingt der Name des Cafés einfach zu gut nach jener unwiderstehlichen Mischung aus Kaffee und Kuchen, die hierzulande wie wohl kaum etwas sonst für Wärme und Behaglichkeit steht. In der Regel präsentiert Lisa McQueen ihre täglichen Kuchenkreationen vorher mit einem Foto auf ihrer Facebook-Seite, sodass die Gäste meist schon wissen, was sie erwartet. Und doch wundert man sich oft trotzdem noch, auf was für ausgefallene Ideen sie beim Backen mitunter kommt.

Im Kätchens haben die Gäste Zeit mitgebracht. Und die darf hier auch mal einfach so verstreichen. Die Besucher plaudern und lachen, lesen und trinken – natürlich – Kaffee. Oder sie gehen auf eine kleine Entdeckungsreise durch das Café, um die ganzen kuriosen Kleinigkeiten aufzuspüren, mit denen der Raum dekoriert ist.

Dabei wird man als aufmerksame Betrachterin oder neugieriger Gast wohl auch auf den Kleiderständer voller ungewöhnlicher Modestücke stoßen – die alle von der Inhaberin selbst stammen. Denn vor dem Kätchens arbeitete die gelernte Kürschnerin und studierte Modedesignerin eine Zeit lang in Berlin in der Modebranche – bis sie ihre Liebe zur Gastronomie entdeckte. Über eine Stelle als Küchenhilfe arbeitete sie sich zur stellvertretenden Küchenleitung hoch und wusste bald, dass sie in diesem Metier bleiben und ein eigenes Café eröffnen wollte. Und sie wusste auch, dass sie diese Idee vom Herzen her nur in ihrer Heimatstadt umsetzen konnte. Glück gehabt, Augsburg!

● Kätchens, Peutingerstraße 18, 86152 Augsburg, Tel. (08 21) 56 76 66 41
● ÖPNV: Tram 2, Haltestelle Dom/Stadtwerke

Tierisches Vergnügen

 Der Zoologische Garten

Für viele gebürtige Augsburger, aber auch für viele Menschen aus dem Umland der Fuggerstadt gehören Besuche im Augsburger Zoo wohl zu den beglückendsten und prägendsten Kindheitserinnerungen überhaupt. Und viele nunmehr Erwachsene gehen dann ihrerseits wieder mit ihren eigenen Kindern zu den Elefanten, Löwen und Pinguinen. Der Zoologische Garten in Augsburg ist das beliebteste Ausflugsziel in ganz Bayerisch-Schwaben, wahrscheinlich auch, weil er mit seiner Größe von 22 Hektar ideal für einen Tagesausflug ist. Zudem bietet er gerade für die kleinen Besucher – außer den Tieren natürlich – noch vieles mehr, was deren Herzen höherschlagen lässt: das Zoo-Bähnle etwa oder den Abenteuerspielplatz mit Kletterburg und Piratenschiff. Und sich an einem der Kioske ein Eis zu holen und beim Schlecken dann den Zootieren zuzuschauen, dürfte für Kinder wohl mit zum Schönsten überhaupt zählen.

Die ersten Erfahrungen mit einem ungewöhnlichen Tier in ihrer Stadt machten die Augsburger übrigens bereits im Jahre 802. Abul Abbas war ein Geschenk des Kalifen Harun ar-Raschid an Karl den Großen, der den indischen Elefanten dereinst dann von der Kaiserstadt Aachen nach Augsburg schickte. Und auch die beiden alten Elefantendamen Burma und Targa gehören heute in ihrer neu errichteten Anlage zu den Publikumslieblingen der Augsburger.

Doch natürlich hat der Rundweg des Zoologischen Gartens noch viel mehr interessante Tiere aus aller Herren Länder zu bieten: Von A wie Alpakas bis hin zu Z wie Zwergziegen spannt sich der Bogen und lässt die Besucher sowohl heimische als auch reichlich exotische Tierarten bewundern. Wobei der meiste Trubel wohl immer noch bei den Robbenfütterungen entsteht, wenn die Seehunde und Seebären auf der Jagd nach ein paar Fischen pfeilschnell durchs Wasser schießen oder ein paar Kunststückchen vorführen. Die Faszination beim Zusehen wird sich wohl nie legen – egal welcher Generation man angehört.

● Zoologischer Garten, Brehmplatz 1, 86161 Augsburg, Tel. (08 21) 56 71 49-0
www.zoo-augsburg.de
● ÖPNV: Bus 32, Haltestelle Zoo/Botanischer Garten

Mitten im Leben

Der Annahof

Will man die Innenstadt von Augsburg besuchen, startet man meist auf dem Annahof. Der Grund dafür ist denkbar einfach: Eine der bekanntesten innerstädtischen Parkgaragen liegt direkt unter dem Platz. Den Annahof aber als reinen Ausgangspunkt für einen Einkaufsbummel oder eine Stadterkundung anzusehen, würde ihm natürlich nicht gerecht. Denn der ausladende Hof für sich genommen ist mit seiner zentralen Lage einer der schönsten Plätze der Stadt und gleicht im Sommer fast schon einer italienischen Piazza. Nicht ganz unschuldig daran ist natürlich auch das beliebte Café Anna. Mit seiner zeitgemäßen Küche setzt es vor allem auf Produkte aus der Region.

Seinen Namen erhielt der Annahof wenig überraschend von der angrenzenden Sankt-Anna-Kirche. Bereits 1321 entstand der Vorgängerbau des Gotteshauses als Kirche eines Karmelitenklosters, in dem fast 200 Jahre später auch ein gewisser Martin Luther nächtigte, als er sich vor dem Reichstag zu Augsburg 1518 vor dem römischen Kardinal Cajetan verteidigen musste. Und es sollte dann auch nur noch ein paar Jahre dauern, bis in der Annakirche der erste Gottesdienst nach protestantischer Liturgie gefeiert wurde. Kurios ist bis heute, dass sich mit der Fuggerkapelle ein nach wie vor katholischer Kirchenteil in einem ansonsten evangelischen Gotteshaus befindet. Im Annahof selbst erinnert ein riesiger Schriftzug noch an ein weiteres historisch bedeutsames Gebäude. BIBLIOTHEKA PUBLICA prangt in großen Lettern auf einem lang gezogenen Podest, das den Umriss der 1562 errichteten Stadtbibliothek nachbildet, die bis 1894 an diesem Platz stand.

Heute sitzen auf den steinernen Stufen zum Podest gerne Touristen, die sich ein wenig von den vielen Sehenswürdigkeiten der Innenstadt erholen müssen. Oder aber auch einfach nur ein paar Einheimische, die in der Mittagspause oder nach Feierabend noch einmal ein paar Minuten innehalten und ihren schönen Annahof in Ruhe genießen wollen.

● Annahof, Im Annahof, 86150 Augsburg
● ÖPNV: diverse Buslinien, Tram 1, 2, 3, 4, 6, Haltestelle Königsplatz

Wasser marsch!

Der Singoldpark in Bobingen

Wer nach Flüssen in Augsburg gefragt wird, dem werden natürlich zunächst der Lech und die Wertach einfallen. Aber auch die kleine Singold zählt dazu, die im Ostallgäu entspringt und sich zeitweise fast parallel zur Wertach ihren Weg nach Norden sucht. In Göggingen mündet sie schließlich in den Fabrikkanal, der sein Wasser kurze Zeit später wiederum in die Wertach trägt. Die Singold macht die Fuggerstadt damit also quasi zur Dreiflüssestadt – zählt man den kleinen Brunnenbach dazu, sind es derer sogar vier.

Im Gedächtnis vieler Einheimischer findet sich die Singold allerdings häufig gar nicht so recht verankert. Ganz anders ist dies anscheinend bei den Menschen in Bobingen. Die Kleinstadt im Südwesten von Augsburg hat sogar einen ganzen Park nach dem kleinen Fluss benannt, der sie auf dem Weg nach Augsburg durchfließt. Der Singoldpark, der direkt an der – wenig verwunderlich – Parkstraße liegt, ist dabei eigentlich gerade groß genug für einen ausgiebigen Spaziergang oder eine leichte Joggingrunde.

Besonderes Augenmerk wurde bei der Gestaltung das Parks naheliegenderweise auf das Thema Wasser gelegt. So gibt es nicht nur einen malerischen Ententeich und eine gepflegte Kneippanlage, sondern auch einen Wasserspielplatz, auf dem das kühle Nass nicht nur eifrig aus dem Boden gepumpt, sondern auch nach Belieben in kleinen Kanälen gestaut werden kann. Ein feuchtes Vergnügen für alle Kinder, aber auch so mancher Erwachsene wurde schon mit zunehmend größerem Engagement beim Staudammbau beobachtet. Wieder getrocknet, kann es für die kleinen und großen Wasserbauingenieure dann noch weiter zum Minigolfen oder auf den Bolzplatz gehen, zum Kinderspielplatz oder zur neuesten Attraktion des Parks: Der aufwendig gestaltete Bewegungsparcours soll den Gleichgewichtssinn und das Koordinationsgefühl – explizit auch der etwas älteren Parkbesucher – schulen und trainieren. Für Ausgeglichenheit scheint also gesorgt zu sein hier im Bobinger Singoldpark.

> **TIPP**
> Gleich auf der anderen Straßenseite liegen das Freibad, das Hallenbad sowie der Saunapark.

● Singoldpark, Parkstraße, 86399 Bobingen
● ÖPNV: Bus 700, Haltestelle Raiffeisenbank, Bobingen

Harmonisches Miteinander

Die Ulrichskirchen

Nicht-Augsburger stolpern gerne mal über den Plural: Aber es gibt in der südlichen Altstadt tatsächlich zwei Gotteshäuser, die den gleichen Namen tragen – oder zumindest fast. Das zweite Kuriosum ist, dass sie eigentlich auch nicht allzu weit entfernt voneinander stehen. Man könnte auch noch etwas präziser sagen: Sankt Ulrich und Afra und Sankt Ulrich grenzen direkt aneinander, ja sie sind sogar architektonisch miteinander verbunden.

Getrennt sind die beiden Kirchen allerdings konfessionell – wobei dies aber gerade in Augsburg weit weniger Aufsehen erregt, als es wohl in anderen Städten der Fall wäre. Sehenswert von innen wie von außen sind beide Kirchen. Das kleinere evangelische Gotteshaus Sankt Ulrich ist der größeren katholischen Sankt Ulrich und Afra dabei vorgelagert und blickt mit ihrer Süd-Nord-Ausrichtung direkt auf die Maximilianstraße. In ihrem Rücken baut sich dann in West-Ost-Richtung – unübersehbar auch aus der Ferne – die spätgotische katholische Basilika auf. Unterschiedlich und doch auch wieder irgendwie sehr ähnlich sind die beiden Kirchen übrigens auch in ihrer Farbgebung: Die evangelische trägt eine graue Grundfarbe mit weißen Einfassungen, bei der katholischen ist es umgekehrt.

Der friedlichen Koexistenz beider Konfessionen seit dem Ende des Dreißigjährigen Krieges ist es übrigens auch zu verdanken, dass Augsburg seit 1650 jedes Jahr am 8. August sein Hohes Friedensfest feiert – und damit nebenbei auch die Stadt mit den meisten gesetzlichen Feiertagen in ganz Deutschland ist. Ausdruck des Wunsches nach Frieden und verträglichem Zusammenleben unabhängig von Religion oder Konfession ist zu diesem Datum unter anderem die Augsburger Friedenstafel, an der die unterschiedlichsten Menschen in der Innenstadt an langen Tischen ihr von zu Hause mitgebrachtes Essen miteinander teilen.

- Sankt Ulrich und Afra, Ulrichsplatz 19, 86150 Augsburg, www.ulrichsbasilika.de
- Sankt Ulrich, Ulrichsplatz 20, 86150 Augsburg, www.evangelisch-stulrich.de
- ÖPNV: Bus 22, 32, Haltestelle Ulrichsplatz

Süße, wohlbekannte Düfte

Der Kräutergarten

Augsburg ist eine Großstadt, in der es in all dem hektischen Treiben auch immer wieder kleine grüne Oasen der Ruhe und Entspannung gibt. Ein solcher Ort ist der Kräutergarten am Roten Tor, der neben vielen Küchen- und Heilpflanzen auch allerlei Ziergewächse beherbergt. So wähnt sich der Besucher mitten in der Stadt in einer fast schon ländlichen Idylle, in der vor allem ein Sinn besonders angesprochen wird: Es duftet nämlich fantastisch, mal würzig-aromatisch in der einen Ecke, mal blumig-lieblich in einer anderen. Lange bevor man in anderen Großstädten ähnliche Ideen umsetzte und sie vermeintlich modern „Urban Gardening" nannte, hatten sich die Augsburger schon längst ihren eigenen öffentlichen Kräutergarten geschaffen, in dem jeder Bürger seine Minze, seinen Salbei oder seinen Thymian für den eigenen Hausgebrauch selbst schneiden durfte. Denn die Stadt legte ihr grünes Kleinod bereits im Jahr 1983 an – übrigens nach dem Vorbild mittelalterlicher Klostergärten.

Historisch Interessierte kommen im Kräutergarten am Roten Tor aber noch anderweitig auf ihre Kosten: Neben Statuen mit Motiven aus der griechischen Mythologie erhebt sich die sogenannte Augsburger Geschichtssäule – von allen Seiten des Gartens gut sichtbar – über die zahlreichen von Buchsbaumhecken gesäumten Beete. Sie erläutert anhand von plastischen Darstellungen quasi im Schnelldurchlauf die Historie der über 2000 Jahre alten Stadt. Gekrönt wird die Säule von der Zirbelnuss, dem Wappenbild von Augsburg, das sich auch an vielen anderen Stellen im Stadtbild wiederfindet.

Doch auch wer momentan keinen Bedarf an frischen Kräutern oder einer kleinen Geschichtslektion hat, kann den Kräutergarten für sich nutzen – und sei es lediglich zum mußevollen Nichtstun. Denn einfach auf den Parkbänken oder auf der überdimensionalen hölzernen Gartenliege die Zeit vergehen zu lassen, nur zu schauen und zu schnuppern: Das reicht manchmal vollkommen aus, um für den Moment ein glücklicher Mensch zu sein.

● Kräutergarten am Roten Tor, Remboldstraße 2, 86161 Augsburg
● ÖPNV: Bus 32, 35, Tram 6, Haltestelle Hochschule

Der gute Tropfen

 Die Bio-Weinhandlung Scheffler

Seit etwa 6000 Jahren baut der Mensch Wein an, seit über 2000 Jahren gibt es die Stadt Augsburg, und immerhin auch schon seit 1994 existiert hier die Bio-Weinhandlung Scheffler. Den heutigen Laden im Bismarckviertel bezog man im Jahr 2006. Schon beim Betreten des Geschäfts überrascht den Kunden die schiere Vielfalt der angebotenen Bioweine, liebevoll präsentiert und nach ihren – ausschließlich europäischen – Herkunftsländern geordnet.

Als der gelernte Gartenbautechniker Uli Scheffler zusammen mit seiner Frau Miriam Scheidig damals begann, ökologisch produzierte Weine zu verkaufen, besetzten die beiden damit quasi eine doppelte Nische: Zum einen mussten sie mit einer reinen Weinhandlung erst einmal der generellen Konkurrenz trotzen, da auch Getränkehändler und sogar Supermärkte ihr Angebot stetig ausbauten. Und zum anderen spezialisierten sie sich dann auch noch auf Bioweine: keine ganz leichte Herausforderung, zumal Augsburg zwar unbestritten eine sehr schöne, aber auch keine überbordend große Stadt ist, die eben nur ein gewisses Potenzial an Kundschaft bietet.

Ein Nischenprodukt scheint Biowein mittlerweile allerdings nicht mehr zu sein, wie die enorme Auswahl im Laden an der Bismarckstraße zeigt. Und man muss zunächst auch kein großer Weinexperte sein! Die sehr persönliche und fachkundige Beratung lässt einen mehr und mehr Vorfreude auf den ersten Schluck des zu erstehenden Weins empfinden. Die Ladeninhaber lieben das Gespräch mit den Kunden, mit Spaß und kleinen Anekdoten machen sie es so auch Weinanfängern leicht, in diese noch unbekannte Welt der guten Tropfen einzutauchen. Den Wein zu riechen, im Mund zu fühlen und natürlich dann zu schmecken – das alles kann man auch bei den Weinproben oder den Seminaren vor Ort erleben. Und wird dann wahrscheinlich beim nächsten Mal sein Gläschen Wein zu Hause noch einmal ganz anders betrachten.

- Weinhandel Scheffler, Neidhartstraße 25 (Eingang: Bismarckstraße) 86159 Augsburg, Tel. (08 21) 58 61 10, www.wein-augsburg.de
- ÖPNV: Bus 41, 43, Tram 2, 3, 6, Haltestelle Theodor-Heuss-Platz/IHK

Pack die Badehose ein

Der Kuhsee

Er ist der wohl beliebteste Badesee im Augsburger Stadtgebiet – und wahrscheinlich auch noch weit darüber hinaus: Der Kuhsee im Stadtteil Hochzoll lockt an heißen Sommertagen schon mal bis zu 10.000 Badegäste an. Zum Glück bietet das Gewässer an seinen Stränden aber dennoch ausreichend Platz, damit sich die Sonnenanbeter nicht allzu sehr auf die gerötete Pelle rücken. Mit dem Restaurant Seelounge und anderen Verpflegungsmöglichkeiten am Ostufer lässt es sich dabei auch schon mal den ganzen Tag lang am Kuhsee aushalten, am Südufer ist auch Grillen erlaubt. Wer nicht nur in der Sonne liegen oder seine Bahnen im See ziehen will, für den finden sich auch noch genügend andere Betätigungsmöglichkeiten: an Land zum Beispiel auf den verschiedenen Spielplätzen, beim Gartenschach oder an den Tischtennisplatten und auf dem Wasser bei einer ausgedehnten Ruderpartie.

Seinen einprägsamen Namen hat der durch Kiesabbau geschaffene Kuhsee übrigens von seiner früheren Funktion als Tränke für die Kuhherden der umliegenden Gehöfte, als das Gewässer noch ein natürlicher Altwasserarm des Lechs war. Südlich des Sees schließt sich dann noch die Kuhseeheide an. Sie ist eine sogenannte Schotterheide, deren steiniger Boden größtenteils eben aus Schotter- und Kiesablagerungen besteht, die der Lech im Laufe seines langen Flusslebens aus den Alpen hierher transportierte.

Nachdem der Strom von Menschenhand begradigt und vertieft wurde, blieben die bis dato üblichen Überflutungen der flussnahen Heidelandschaft durch die jährlichen Frühjahrshochwasser aus und es konnte sich eine üppige Flora und Fauna entwickeln. So kam es, dass es hier in unmittelbarer Nähe zum Kuhsee zuweilen auch recht bunt zugehen kann: So krabbelt durchaus einmal eine Rote Waldameise über eine Schwarzviolette Akelei oder landet ein Himmelblauer Bläuling auf einer Blutroten Sommerwurz.

TIPP
Südlich des Kuhsees finden sich am Lech noch weitere Badeseen: Auensee, Weitmannsee und Mandichosee.

....

● Kuhsee, 86163 Augsburg
● ÖPNV: Bus 29, Haltestellen Münchner Straße und Hochzoll Kuhsee

Lesen und lesen lassen

 Die Stadtbücherei

Sie ist ein fast unerschöpflicher Speicher des Wissens, aber auch der puren Freude an Kunst und Kultur: Die Stadtbücherei am Ernst-Reuter-Platz – nur wenige Meter von der Fußgängerzone entfernt – ist mit ihren fast 190.000 Büchern, 18.000 Hörbüchern, 14.000 DVDs und BluRays sowie vielen, vielen weiteren Medien so etwas wie die kulturelle Schatzkiste Augsburgs. Dabei sieht sie sich als Treffpunkt, als Ort der Kommunikation für jedermann und will mit ihren vielen Veranstaltungen und Lesungen ganz bewusst auch ein Forum des geistigen und künstlerischen Lebens in der Fuggerstadt sein. Im Haus finden sich daher auch weitere bürgerschaftliche Einrichtungen als Anlaufstelle für Jung und Alt. Und diese offene Atmosphäre spürt jeder Besucher, wenn er durch die Stadtbücherei – die hier vor Ort seit 2009 existiert – wandelt. Die moderne Architektur mit ihren klaren Linien, die hauptsächlich durch warmes Orange und angenehmes Weiß geprägte Farbgebung sowie die helle Glasfassade unterstreichen die freundliche Offenheit dabei zusätzlich.

Da das Gebäude auch sehr zentral gelegen ist, bietet sich für viele Augsburger ein Besuch auch immer dann an, wenn sie für andere Erledigungen in die Altstadt kommen. Wer trotzdem nicht die Möglichkeit hat, die Hauptstelle in der Innenstadt zu besuchen, findet in Göggingen, Haunstetten, Kriegshaber und Lechhausen auch Zweigstellen der Stadtbücherei. Außerdem gibt es schon seit Jahrzehnten den Bücherbus, der die verschiedenen Augsburger Stadtteile in einem festen Turnus mit Lesestoff versorgt. Zudem besucht ein mobiler Bücherdienst die Augsburger Senioren- und Pflegeheime.

Und natürlich ist auch das digitale Zeitalter nicht an der Augsburger Stadtbücherei vorübergegangen: Via Onleihe können über 18.000 elektronische Medien ausgeliehen werden. Am schönsten ist es aber natürlich immer noch, selbst in der Stadtbücherei durch die Regale zu stöbern oder in den bequemen Lesesesseln schon ein wenig vorweg zu schmökern.

- Stadtbücherei, Ernst-Reuter-Platz 1, 86150 Augsburg
  www.stadtbuecherei.augsburg.de
- ÖPNV: Bus 23, 44, Haltestellen Karlstraße und Staatstheater,
  Tram 1, 2, Haltestelle Rathausplatz

Alles fließt

 Die drei Prachtbrunnen

Andere Städte begnügen sich meist mit einem einzigen zentralen Brunnen, der sich dann der geschätzten Aufmerksamkeit von Besuchern (meist mehr) und Einheimischen (meist weniger) sicher sein kann. In Augsburg hingegen ist man stolz auf gleich drei sogenannte Prachtbrunnen – aber als UNESCO-Weltkulturerbe für seine historische Wasserwirtschaft hat man schließlich auch allen Grund dazu.
Und so stehen entlang der Maximilianstraße und des Rathausplatzes (von Süden nach Norden) der Herkulesbrunnen, der Merkurbrunnen und der Augustusbrunnen. Sie entstanden zwischen dem Ende des 16. und dem Anfang des 17. Jahrhunderts und repräsentieren das alte Ständesystem der Reichsstadt Augsburg: Herkules steht demnach für die Handwerker, Merkur für die Kaufleute und Augustus für die Patrizier.
Der Herkulesbrunnen am Schaezlerpalais zeigt – wenig überraschend – den Heroen Herkules (griechisch auch: Herakles), das Idealbild des klassischen Helden, in Begleitung von allerlei Nymphen, Putten und Meeresgöttern. Er selbst wird im Kampf mit der Wasserschlange Hydra dargestellt und symbolisiert so vor allem die Herrschaft über die Kraft des Wassers, die für Augsburg von herausragender Bedeutung war. Der Merkurbrunnen auf Höhe der Moritzkirche zeigt Mercurius (oder griechisch: Hermes), der neben anderen systemrelevanten Funktionen im Römischen Reich auch als Gott der Kaufleute tätig war – in der Stadt der Fugger und Welser sicherlich keine ganz unwichtige Aufgabe. Der Merkurbrunnen wurde übrigens ebenso wie der Herkulesbrunnen von Adriaen de Vries und dem Augsburger Bronzegießer Wolfgang Neidhardt geschaffen. Der Augustusbrunnen am Rathausplatz schließlich ist der älteste im Bunde. Er ist das Werk von Hubert Gerhard, wie de Vries ein niederländischer Bildhauer, und dem Stadtgießer Peter Wagner. Der Brunnen ist dem Stadtgründer Augsburgs gewidmet, dem römischen Kaiser Augustus. Der zu Lebzeiten aber wohl kaum so viel Konkurrenz neben sich geduldet hätte – und sei es nur in Form zweier anderer Brunnen.

● Herkulesbrunnen, Merkurbrunnen und Augustusbrunnen, Maximilianstraße/Rathausplatz, 86150 Augsburg
● ÖPNV: Bus 22, 32, Haltestelle Ulrichsplatz, Tram 1, 2, Haltestellen Moritzplatz und Rathausplatz

Mehr Licht

Der Glaspalast

Obwohl nicht von adeliger Abstammung, kommt er wahrlich majestätisch daher, der Glaspalast im Augsburger Osten. Er ist eines jener Industriedenkmäler, die an eine längst vergangene Epoche erinnern und bei denen sich stets die Frage stellte, welche Aufgaben sie in der neuen Zeit denn übernehmen sollten. Zumindest beim Glaspalast wurde diese Herausforderung mit Bravour bewältigt.

Das 1910 errichtete fünfstöckige Gebäude mit den breiten Fensterfronten war einst als Produktionsstätte das Werk IV der Mechanischen Baumwollspinnerei und Weberei Augsburg. Schon bald wurde es von den Einheimischen liebevoll Glaspalast getauft, weil seine Beleuchtung während der Nachtschichten bis weit in sein Umland hinaus strahlte. Nach der Schließung im Jahr 1988 kam er in städtischen Besitz, ehe der Unternehmer und Kunstmäzen Ignaz Walter den Glaspalast 1999 kaufte und aufwendig sanierte. Dies brachte zum einen den Wandel hin zu modernen Büroräumen für Unternehmen, aber auch die Schaffung eines beispiellosen Kulturbetriebes auf der anderen Seite.

So zog im ersten und zweiten Stock des prächtigen Glaspalastes das Kunstmuseum Walter ein. Durch die lichtdurchfluteten Räume gelangen die über 1600 Werke der Modernen und Zeitgenössischen Kunst zu optimaler Geltung. Gezeigt werden unter anderem ostdeutsche Künstler der Leipziger Schule oder auch Stücke des weltweit wohl bedeutendsten Glaskünstlers Egidio Costantini. Neben dem Kunstmuseum Walter sind im Glaspalast auch noch das H2 – Zentrum für Gegenwartskunst und die Galerie Noah vertreten, zudem eine Ballett- und Tanzschule sowie das Restaurant Magnolia. Doch egal wonach dem Besucher des Glaspalastes der Sinn steht – als Motto darf immer gelten, was die drei aufeinanderfolgenden Leuchtschriften im dunklen Eingangstunnel des Kunstmuseums empfehlen: Beruhigen – Entspannen – Genießen.

● Glaspalast, Beim Glaspalast 1, 86153 Augsburg
www.glaspalast-augsburg.de
● ÖPNV: Bus 33, Haltestelle Glaspalast

Wie im Märchen

Der Fünffingerlesturm

Man kann es sich so gut vorstellen: Wenn es einen Turm gäbe, aus dem Rapunzel ihr Haar herunterließe – er müsste wohl aussehen wie der Augsburger Fünffingerlesturm. Und so märchenhaft wie der Turm selbst ist auch seine exponierte Lage am Ufer des von hohen Bäumen gesäumten Äußeren Stadtgrabens. So auffallend alleine stand der Fünfgratturm, wie er in etwas offiziellerem Deutsch wegen seiner vier kleinen und der einen großen Turmspitze auch genannt wird, aber nicht immer da. Von seiner Errichtung Mitte des 15. Jahrhunderts an war er nämlich Teil der Stadtbefestigung, wie sie noch an vielen Stellen in Augsburg bestaunt werden kann – nur leider eben hier am Fünffingerlesturm nicht mehr.

Dass das Bänkchen direkt neben dem – nicht bei allen beliebten – modernen Treppenaufgang zum Turm nur selten frei ist, mag nicht wirklich verwundern. Denn bis auf die frühen Morgenstunden liegt es meistens in der Sonne. Und so findet sich eigentlich immer irgendjemand, der darauf sitzt und ein Buch aufschlägt, sein Mittagessen auspackt oder auch einfach nur mal alle viere von sich streckt und gar nichts tut. Und für alle anderen ist auf der Wiese drumherum ja auch immer noch ein wenig Platz. Auch einen kleinen Spaziergang kann man vom romantischen Fünffingerlesturm aus gut wagen. In Sichtweite steht mit dem rot-weiß getünchten Jakober Wasserturm eine weitere Augsburger Sehenswürdigkeit, hinter der sich auch der Oblatterwallturm und das bekannte Restaurant zur Kahnfahrt anschließen. In anderer Richtung lässt sich der Äußere Stadtgraben vom Fünffingerlesturm aus auch sehr schön zu Fuß umrunden, zum Beispiel in der kleinen Schleife bis zum Jakobertor und dann auf der anderen Seite die Oblatterwallstraße wieder zurück bis zur Brücke am Wasserturm. Oder man wählt die Bert-Brecht-Straße als Verlängerung der Oblatterwallstraße und überquert dann später die Brücke in der Franziskanergasse, ehe es über Riedlerstraße, Gänsbühl und Untere Jakobermauer zurückgeht. Denn zumindest verabschieden sollte man sich vom Fünffingerlesturm schon noch mal.

....

● Fünffingerlesturm, Untere Jakobermauer, 89152 Augsburg
● ÖPNV: Bus 22, 23, 33, Tram 1, Haltestelle Jakobertor

Bibliografische Informationen der Deutschen Nationalbibliothek
Die Deutsche Nationalbibliothek verzeichnet diese Publikation in der Deutschen Nationalbibliografie;
detaillierte bibliografische Daten sind im Internet über http://dnb.d-nb.de abrufbar.

© 2020 Droste Verlag GmbH, Düsseldorf
2. Auflage 2022
Konzeption/Satz: Droste Verlag, Düsseldorf
Einbandgestaltung und Illustrationen: Britta Rungwerth, Düsseldorf
unter Verwendung von Bildern von
© Fotolia.com: jd – photodesign.de; © iStock: Plociennik Robert
Fotos: Marko Roeske, außer:

S. 25: Kresslesmühle. Foto: Fabian Schreyer, S. 27: manomama. Foto: Barbara Gandenheimer, S. 29: © Michael Eichhammer - stock.adobe.com, S. 49: Fürstlich und Gräflich Fuggersche Stiftungen. © Eckhart Matthäus | www.em-foto.de, S. 51: Staatstheater Augsburg. Foto: © Jan-Pieter Fuhr, S. 63: swa | Thomas Hosemann, S. 65: Emma the bride. Foto: Marianne Bohn Fotografie, S. 67: Sensemble Theater. Foto: Volker Bogatzki, S. 71: Malzeit. Foto: Andrea Huber, S. 73: Siegfried Kerpf/Stadt Augsburg, S. 93: S-Planetarium Augsburg, S. 97: Paulikocht. Foto: Jennifer Leidner Photography, S. 105: Kurhaustheater GmbH. Foto: Mirjam Kluger, S. 111: Leopold-Mozart-Haus; Mozartstadt Augsburg; Foto: Ruth Plössel, S. 113: Hessing Stiftung, Foto: Iris Wagner-Hoppe, photoresque GmbH, S. 117: Multum in Parvo. Foto: Benno Mitschka, S. 135: Foto TIM: © Eckhart Matthäus | www.em-foto.de, S. 137: DOGANDLIVING. Foto: Jasmina Halder, S. 143: Naturpark Augsburg-Westliche Wälder – Regio Augsburg Tourismus GmbH, S. 147: Zoo Augsburg

Druck und Bindung: LUC GmbH, Greven
ISBN 978-3-7700-2194-9

www.droste-verlag.de